RADIUS BÜCHER

Gerd Lüdemann · Alf Özen

Was mit Jesus wirklich geschah

Die Auferstehung historisch betrachtet

Die Deutsche Bibliothek – CIP-Einheitsaufnahme

Lüdemann, Gerd:
Was mit Jesus wirklich geschah : die Auferstehung historisch
betrachtet / Gerd Lüdemann ; Alf Özen. – Stuttgart : Radius-
Verl., 1995
  ISBN 3-87173-033-5
NE: Özen, Alf:

ISBN 3-87173-033-5
© Radius-Verlag GmbH Stuttgart 1995
Umschlag: André Baumeister
Gesamtherstellung: Clausen & Bosse, Leck
Printed in Germany

Vorwort

Im Frühjahr 1994 erschien mein Buch »Die Auferstehung Jesu. Historie, Erfahrung, Theologie«. Die darin entfalteten Thesen fanden in der Öffentlichkeit ein lebhaftes Echo. Sie wurden leidenschaftlich abgelehnt in Kreisen, die die Bestreitung der körperlichen Auferstehung Jesu als Verrat am Evangelium ansahen und juristische Maßnahmen gegen den Verfasser als natürliche Konsequenz forderten. Anderen, die sich als moderne Christen auffaßten, ging die Aussage über die Verwesung des Leichnams Jesu zu weit; sie warfen dem Buch eine Überschätzung der Geschichtswissenschaft und eine Unterschätzung der Theologie vor. Aber trotz aller Einwände und Widerstände hat das Buch seitdem etwas in Bewegung gesetzt und einen Prozeß der Gärung eingeleitet, der der Klärung dessen dient, was überhaupt unter »Auferstehung« zu verstehen ist.

Von einigen Seiten wurde allerdings bemängelt, daß das Werk zu wissenschaftlich, zu detailreich und für Laien zu schwer verständlich sei. Dadurch würde die in den Gemeinden beginnende Beschäftigung mit der Auferstehungsthematik erschwert oder sogar verhindert. Ich gebe zu, daß sich die manchmal akribische Suche nach Wahrheit vielfach mit vermeintlichen Kleinigkeiten beschäftigen muß. Doch sind es gerade diese »Schnipsel«, die in ihrer Zusammenfügung oft das rechte Gesamtverständnis ausmachen. Gerade so muß wissenschaftliche Forschung vorgehen, will sie zu gut begründeten Ergebnissen kommen. So sollte und konnte das Buch nie nur ein »Lesebuch« sein.

Die hier vorgelegte allgemeinverständliche Fassung soll dem vielfach geäußerten Wunsch nachkommen, wissenschaftliche Forschungsergebnisse über die Auferstehung Jesu für Nicht-Fachleute leichter verständlich zu vermitteln. Daher wendet sich das vorliegende Buch gezielt an »interessierte Laien«. Es ist deshalb notwendig gewesen, den Text der wissenschaftlichen Ausgabe teilweise stark umzuarbeiten. Diese Aufgabe hat Alf Özen in Abstimmung mit dem Unterzeichneten übernommen.

Viele für das Gesamtverständnis nicht unbedingt notwendige Passagen wurden gestrichen, darunter die meisten der Anmerkungen. Wer Belege oder Literaturangaben für im Buch aufgestellte Thesen vermissen sollte, sei ausdrücklich auf die wissenschaftliche Ausgabe verwiesen. Gleichzeitig ist das Werk um einige Erläuterungen erweitert worden, die zwar Fachleuten selbstverständlich sein dürften, bei Nicht-Theologen jedoch nicht als bekannt vorausgesetzt werden können. Ich hoffe, daß es nunmehr möglich geworden ist, dem Gedankengang leichter zu folgen.

Zur weiteren Erleichterung der Lektüre wurden die besprochenen Bibelstellen nach der aktuellen Lutherübersetzung (Revidierter Text 1984) ausführlich zitiert. Gelegentlich sind einzelne Worte abweichend übersetzt worden, ohne dies gesondert zu kennzeichnen.

Wer sich darüber hinaus mit der Fachdiskussion zum Thema beschäftigen möchte, sei auf die folgenden Reaktionen zu meiner wissenschaftlichen Ausgabe verwiesen:

G. Essen, Rezension, in ThRv 90.1994

A. Lindemann, Rezension, in: WzM 46.1994, S. 503–513;

U. Luz, Aufregung um die Auferstehung Jesu. Zum Auferstehungsbuch von Gerd Lüdemann, in: EvTh 54.1994, S. 476–482;

W. Pannenberg, Die Auferstehung Jesu – Historie und Theologie, in: ZThK 91.1994, S. 319–328;

E. Schweizer, Rezension, in: ThLZ 119.1994, Sp. 804–809;

R. Slenczka, ›Nonsense‹ (Lk 24,11., in: KuD 40.1994, S. 170–181;

H. Verweyen, Osterglaube ohne Auferstehung? Diskussion mit Gerd Lüdemann, QD 155, 1995. Darin Beiträge von:

G. Lüdemann, Zwischen Karfreitag und Ostern, S. 13–46;

I. Broer, Der Glaube an die Auferstehung Jesu und das geschichtliche Verständnis des Glaubens in der Neuzeit, S. 47–64;

L. Oberlinner, »Gott (aber) hat ihn auferweckt«, S. 65–79;

K.-H. Ohlig, Thesen zum Verständnis und zur theologischen Funktion der Auferstehungsbotschaft, S. 80–104;

H. Verweyen, Osterglaube ohne Auferstehung? Fragen nach der richtigen Fragestellung, S. 105–144.

Wenn die vorliegende allgemeinverständliche Ausgabe dazu verhilft, die vehement geführte Diskussion um die Auferstehung Jesu in die Öffentlichkeit, in Gemeinden und Schulen hineinzutragen und damit einen Klärungsprozeß in dieser für den christlichen Glauben zentralen Frage anzubahnen, so hat sie ihren Hauptzweck erfüllt.

Frau Christine Wackenroder sei für die Durchsicht des Manuskripts besonders gedankt.

Gerd Lüdemann

Inhalt

1. Hinführung

Die Auferstehung Jesu ist Zentralpunkt der christlichen Religion. Ihre Bedeutung in Kirche und Theologie ist immens. Tagtäglich trösten Pfarrer und Pfarrerinnen Trauernde mit der Botschaft von der Auferstehung der Toten, die Kirche leitet ihr Existenzrecht von der ihr verliehenen Vollmacht des Auferstandenen ab, und der wissenschaftlichen Theologie dient der Auferstandene nach wie vor als Garantie für den Erkenntnisweg in der Theologie, wie die Zitate dreier bedeutender Theologen es belegen mögen:

»Die Frage nach der Auferstehung Jesu Christi stellt eine, vielleicht sogar *die* Schlüsselfrage des christlichen Glaubens dar. In dieser Frage fallen, auch wenn dies dem durchschnittlichen Christen kaum noch bewußt ist, Entscheidungen für fast alle anderen Fragen des Glaubens und der Theologie.«[1]

»Das Christentum steht und fällt mit der Wirklichkeit der Auferweckung Jesu von den Toten durch Gott.«[2]

»Das Christentum, insofern es Bekenntnis zu Jesus von Nazaret als dem lebendigen und wirkmächtigen Christus ist, beginnt mit Ostern. Ohne Ostern kein Evangelium... Ohne Ostern... kein Glaube, keine Verkündigung, keine Kirche, kein Gottesdienst, keine Mission!«[3]

Offenbar hängt schlichtweg alles am Ereignis der Auferstehung Jesu. Doch was soll man eigentlich unter »Auferstehung Jesu« verstehen? Wer genauer nach dem Geschehen fragt, der bekommt allenthalben nur schwammige, oft ausweichende Antworten.

»Gott hat Jesus von den Toten auferweckt«. Schön und gut, aber was geschah damals, wie kam man überhaupt zu dieser Überzeugung? Der Theologe Willi Marxsen behauptet:

»Für meinen Glauben an Jesus ist doch völlig unerheblich, *wie* Petrus nach Karfreitag zu seinem Glauben an Jesus kam. Das ist für mich ebenso unerheblich, wie es unerheblich ist, wie *der* zu seinem Glauben kam, der *mir* dann seinen Glauben vermittelte, so daß *ich* dann zu Glauben kam... Entscheidend ist doch, daß man jeweils in *denselben* Glauben gestellt wird... Unser Glaube ist nur dann christlicher Glaube, wenn er ein Mitglauben mit dem Glauben der ersten Zeugen, mit dem Glauben des Petrus ist«.[4]

Man wird bei diesen Sätzen zu der Frage veranlaßt, wie jemand, der so über den Glauben redet, überhaupt noch weiß, was Glauben im 1. Jahrhundert war, mit dem er doch *mitglauben* will. Es legt sich der Verdacht nahe, daß die *Aussagen* über Jesu Auferstehung, die sich in der Bibel finden, der bloße Wortlaut also, den meisten Christen genügen, um die *Tatsache* der

Auferstehung festzustellen. Flugs kann damit hantiert werden wie mit einem bestens gesicherten Ereignis.

Diese Beobachtung ist um so bedenklicher, als die »Auferstehung« Jesu weithin zu einem unentbehrlichen Requisit der Theologie und zu einer Leerformel geworden ist. Denn gleichzeitig besteht die Angst in weiten christlichen Kreisen, daß wissenschaftliche Forschung Ergebnisse erzielen könnte, die traditionelle Glaubensinhalte in Frage stellen könnten. Wird an den Grundfesten des Glaubens gerüttelt, sei es als schüchterne Anfrage oder als überzeugte Feststellung, ist von vermeintlichen Hütern des Glaubens ein Aufschrei der Empörung zu vernehmen: Nur nicht daran rütteln, scheint die Devise zu sein. Es könnte sich ja vielleicht doch herausstellen, daß wir auf Sand gebaut haben. Aber dann, bitte schön, wollen wir es nicht wissen.

Viele Christen sind heute einer gewissen Bewußtseinsspaltung verfallen. Die geheiligten Sperrbezirke kirchlicher und theologischer Überlieferung stehen vielfach dem menschlichen Wahrheitssinn unvermittelt gegenüber. Gelingt hier kein Brückenschlag, ist die Glaubwürdigkeit von Theologie und Kirche dahin, und beide erstarren in scheinhaftem Glanz zu Tode. Doch wie sieht die Praxis heute aus? Die folgenden Erfahrungen Karl Jaspers werden sicher von vielen geteilt:

»Zu den Schmerzen meines um Wahrheit bemühten Lebens gehört, daß in der Diskussion mit Theologen es an entscheidenden Punkten aufhört, sie verstummen, sprechen einen unverständlichen Satz, reden von etwas anderem, behaupten etwas bedingungslos, reden freundlich und gut zu, ohne wirklich vergegenwärtigt zu haben, was man vorher gesagt hat, – und haben wohl am Ende kein eigentliches Interesse. Denn einerseits fühlen sie sich in ihrer Wahrheit gewiß, erschreckend gewiß, andererseits scheint es sich für sie nicht zu lohnen um uns ihnen verstockt scheinende Menschen. Miteinander sprechen aber fordert Zuhören und wirkliche Antwort, verbietet das Schweigen oder das Ausweichen auf Fragen, fordert vor allem jede Glaubensaussage, die doch in menschlicher Sprache vollzogen, auf Gegenstände gerichtet, eine Erschließung in der Welt ist, auch noch wieder in Frage stellen und prüfen zu lassen, nicht nur äußerlich sondern auch innerlich.«[5]

Wenn nun jemand den Finger erhebt und sich erdreistet, eine konkrete Frage zu stellen: »Auferstehung? Wie soll ich mir das vorstellen? In unserer modernen Zeit kann ich nicht mehr daran glauben, daß Tote wiedererweckt werden«, dann beruhigt die Antwort: »Das ist halt so – Du mußt nur fest daran glauben« höchstens zeitweise. Immer wieder taucht die Frage auf: »Wie war das damals *wirklich*?«

Wäre diese Frage leicht zu beantworten, dann gäbe sie nicht immer wieder Anlaß zur Diskussion. Das Problem ist seit Jahrhunderten dasselbe: Die Zeugnisse, die wir innerhalb der Bibel haben, beschreiben die Auferstehung nicht. Sie berichten von Erlebtem, und wie jedes Erlebte von denjenigen, die es erleben, anders interpretiert und berichtet wird, stecken auch diese Zeugnisse voller Ungereimtheiten und manchmal Widersprüche.

Doch eines ist sicher: Die Auferstehung Jesu hatte eine Breitenwirkung zur Folge, die ihresgleichen sucht. Historisch war sie von ausschlaggebender Bedeutung für die Entstehung und die Fortentwicklung der christlichen Religion.

Jede Zeit hat ihre eigenen Möglichkeiten, durch Wissenschaft und Forschung längst Vergangenes zu hinterfragen und zu interpretieren. Heute sind die Möglichkeiten der historischen Forschung so weit fortentwickelt, daß es sich lohnt, alte Probleme und Fragen neu anzugehen und nach zeitgemäßen Antworten zu suchen.

Die Notwendigkeit einer erneuten Arbeit über die Auferstehung Jesu ergibt sich vor allem, weil dieses Geschehen durch historisierende Berichte überliefert wurde. Deshalb »*muß* diese der Geschichte zugewandte Seite der Offenbarungstat auf ihre Zuverlässigkeit und Glaubwürdigkeit geprüft werden.«[6] Die Frage nach dem Grund und Recht dieses Zeugnisses bleibt weiterhin die entscheidende. Denn ohne diesen Grund ist jede Theologie der Auferstehung, auch die neutestamentliche, eine bodenlose Spekulation.

Nun ist die Absicht einer historischen Arbeit über die Auferstehung Jesu nicht neu, auch sind die Argumente gegen eine solche Untersuchung bekannt. Ich greife die wichtigsten, die sich z. T. überschneiden, heraus:

1. Wir haben keine Augenzeugenberichte über die Auferstehung Jesu.

Immerhin besitzen wir die Aussagen des Paulus in seinen Briefen und die Darstellungen der Apostelgeschichte. Damit wird aber zugleich Licht auf die anderen Auferstehungszeugnisse geworfen, denn Paulus stellt seine eigene »Begegnung« mit dem Auferstandenen auf eine Stufe mit denjenigen der anderen Zeugen (1 Kor 15,8). Ist im übrigen nicht die *Frage* nach der Art und Weise der Auferstehung so lange notwendig, wie christliche Theologie einen wissenschaftlichen Anspruch hat und sich der Aufklärung verpflichtet weiß? Etwas anderes ist es natürlich, ob dabei auch (bzw. *welche*) *Ergebnisse* erzielt werden können. Mir geht es vorläufig nur um die Herausstellung der *Pflicht* zur Frage nach dem »Wie« der Auferstehung.

2. Die Auferstehungsüberlieferungen sind unentwirrbar und die historischen Quellen unzulänglich.

Gegen dieses Argument hat der Kirchenhistoriker Hans von Campenhausen mit Recht Einwände erhoben. Der Hinweis auf die Unentwirrbarkeit der Quellen diene dem vermeintlich besonders radikalen Glauben nur dazu, »ihn der eigentlichen Anfechtung durch die Geschichte und durch die geschichtliche Vernunft überhaupt zu entziehen.«[7] Anders gesagt: Die Behauptung der Unerklärbarkeit dessen, was zu Ostern wirklich passiert ist, scheint sich förmlich zu einem notwendigen Bestandteil der Theologie zu verselbständigen! Doch das Argument, daß eine Frage nicht beantwortet werden kann, erledigt diese ja nicht. Diese Behauptung enthebt historische Forschung nicht ihrer Verpflichtung der Nachfrage, sondern macht sie im Gegenteil um so notwendiger. Denn veränderte Zeiten mit veränderten bzw. verfeinerten Forschungsmethoden könnten sehr wohl eine Antwort finden. Gerade deshalb ist eine fortwährende Wißbegierde notwendig, die sich nicht mit Erreichtem zufriedengibt.

3. Die Auferstehung Jesu ist ein Wunder, das sich jedem Zugriff entzieht – was soll da eine historische Arbeit noch leisten?

In der Tat kann der Wunder- bzw. Offenbarungscharakter Jesu kein Gegenstand wissenschaftlicher *historischer* Arbeit, sondern nur religionsphilosophischer und theologischer Überlegungen sein. Solange aber Theologie mit historischem Denken geradezu »gepaart« ist – und dies ist sie *zum einen* aufgrund des Charakters und der Aussagen ihrer Textquellen, *zum anderen* in bezug auf das neuzeitliche Wahrheitsbewußtsein –, muß sie selbst am »Wie« der Auferstehung Jesu interessiert sein. Die Beantwortung der Frage, wie es zur Behauptung der Auferstehung Jesu kam, ist für das Verständnis der damaligen Auferstehungsverkündigung und ihrer heutigen Weiterführung bzw. Neuformulierung unumgänglich.

4. Außerhalb der Glaubenserfahrung und außerhalb des christlichen Zeugnisses kann nicht sinnvoll von der Auferstehung Jesu gesprochen werden. »Eine exklusiv historisch gestellte Frage nach der Auferstehung verfremdet ... die Texte der Osterberichte.«[8]

Mit dieser Argumentation entzieht man sich der Welt. Alles läuft auf das »*ich glaube, um zu verstehen*« hinaus, ein Satz, der in der Neuzeit im Rahmen der Wissenschaft nicht stehenbleiben kann. Solange nicht Absurdität zum Wahrheitskriterium theologischer Aussagen werden soll, wird wissenschaftliche Theologie (*und* kirchliche Verkündigung) um Verständlichkeit ihrer Aussagen bemüht sein müssen. *Wissenschaftliche Forschung* hat die Aufgabe, historische und gegenwärtige christliche Glaubenszeugnisse zu erheben und zu interpretieren. Theologie und Verkündigung nehmen an dieser Arbeit *zunächst* gar nicht teil.

Es ist ja eben nicht so, daß wissenschaftliche Forschung vor Glaubensdingen kapitulieren müsse, wie oft behauptet wird. Denn auch Glauben ist durch irgendetwas erst hervorgerufen. Es steht somit immer irgendein Ereignis dahinter. Die Untersuchung von Glaubenszeugnissen dient also auch dazu, diesem Glauben-Hervorrufenden, diesem eigentlich Unaussprechlichen ein Stück näher zu kommen. *Wie nahe* genau ihm damit zu kommen ist, muß allerdings diskutiert werden.

5. Ereignis und Deutung sind immer verschränkt, so daß ein Zugang zum Ereignis der Auferstehung ohne die Deutung unmöglich ist.

Der Hinweis auf die Verschränkung von Ereignis und Deutung trifft auf alle Texte zu, mit denen die Geschichtswissenschaft umgeht und ist keine Besonderheit religiöser oder christlicher Quellentexte. Denn jeder Autor versucht natürlich, etwas Bestimmtes (z. B. ein Ereignis) mit seinen individuellen Möglichkeiten zu beschreiben. Daß dies immer nur seine ganz persönliche, subjektive Deutung sein kann, die mehr oder weniger dem zu Beschreibenden nahe kommt, leuchtet ein. Diese normale Tatsache leitet dazu an, jede gegebene Quelle als menschliche Lebensäußerung wahrzunehmen und zu respektieren. Keinesfalls dürfen ein Ereignis und seine Deutung in Texten gleichgesetzt werden.

Allerdings kann und darf das nicht davon abhalten, die neutestamentlichen Texte unter Berücksichtigung ihrer Eigenart nach geschichtlich verwertbarem Material zu befragen. Die Erfahrung lehrt, daß sich gerade dann die Aussage eines Textes neu erschließt, wenn man sich ihm mit allen verfügbaren wissenschaftlichen Mitteln nähert.

Im folgenden sei also rein historisch nach dem geschichtlichen Zusammenhang der Auferstehungszeugnisse, oder kurz: nach dem »Wie« der Auferstehung Jesu gefragt. Ziel ist es, eine Hypothese zur Auferstehung vorzulegen, die die wenigsten Anstöße bietet und die meisten Schwierigkeiten löst.

Es ist fast überflüssig zu erklären, daß sich die nachfolgenden Darlegungen im Bereich des Wahrscheinlichen bewegen, womit die Grenzen dieser Untersuchung von vornherein gesetzt sind. Doch mögliche Einsprüche wie z. B. »rein hypothetisch« beruhen auf einem Mißverständnis historischer Arbeit. Historische Rekonstruktion kommt – wie *jede* Form der Interpretation – ohne Hypothesen und Wahrscheinlichkeitsurteile nicht aus. Ja, die eigentliche Aufgabe historischer Arbeit ist es, die am ehesten sachgemäße Hypothese zu erarbeiten und dabei Wahrscheinlichkeiten klar abzuwägen. Der Wert einer Rekonstruktion entscheidet sich daran, ob die *besten* Hypothesen zugrunde liegen, d. h. solche, die die meisten (und die wichtigsten) offenen Fragen beantworten bzw. vorhandene Probleme lösen und die wenigsten Gegenargumente provozieren. So ist die Pflicht eines Historikers vergleichbar mit der Aufgabe, die einer Gerichtsverhandlung zukommt: Prüfung der Zeugen und Rekonstruktion des wahrscheinlichen Geschehensablaufs.

Eine so gestaltete Untersuchung mit ihren Zielen und möglichen Antworten ist für die theologische Frage von Bedeutung, solange die Theologie ihre seit der Aufklärung eingegangene Bezogenheit auf die Geschichte und ihre kritische Erforschung beibehält.

2. Einstieg in das Thema

Die Textsituation

Zur Rekonstruktion der Ereignisse nach Jesu Tod ist es notwendig, alle zur Verfügung stehenden Informationen zu berücksichtigen, die eventuell Rückschlüsse auf das damalige Geschehen ermöglichen. Die hierzu in Betracht kommenden Texte finden sich in den vier Evangelien des Neuen Testaments, aber auch in der Apostelgeschichte und der paulinischen Literatur sowie in einigen Schriften, die nicht dem Neuen Testament angehören, den sog. »Apokryphen«. Doch vor der eigentlichen Untersuchung muß ein Wort darüber gesagt werden, wie diese Texte generell einzuschätzen sind:

Die Briefe des Paulus sind die ältesten Texte des Neuen Testaments und stammen ca. aus den Jahren (40)50–60. Erst später entstanden das Markusevangelium (ca. 70), dann das Lukasevangelium (ca. 80), das Matthäusevangelium (ca. 85), die Apostelgeschichte (ca. 90) und schließlich das Johannesevangelium (ca. 100). Doch Vorsicht: Diese wahrscheinliche zeitliche Reihenfolge bedeutet noch nicht eine inhaltliche Gewichtung. Das Alter eines Textes ist noch nicht unbedingt Beleg für seine »Stimmigkeit«. Man kann nicht einfach sagen: Weil dieser Text alt ist, ist seine Aussage glaubwürdig, und weil ein anderer jünger ist, ist die Aussage weniger glaubwürdig. Denn alte Überlieferungen können durchaus erst nach langem mündlichen oder auch schriftlichen Herumirren in ein spät entstandenes literarisches Werk aufgenommen worden sein, das dann aber trotz seines geringeren Alters die ältesten Traditionselemente enthält! Dies muß bei der Analyse beachtet werden.

Es ist wohl allgemein anerkannt, daß die Evangelien allesamt nicht von Begleitern oder engen Vertrauten Jesu geschrieben wurden. Personen, die wir aus mehr oder weniger plausiblen Gründen Matthäus, Markus, Lukas und Johannes nennen, haben die uns heute vorliegende Textgestalt geformt.

Außerdem bedeutet die oft gleichlautende Erwähnung derselben Textpassagen in mehreren Evangelien nicht, daß sie deshalb einen höheren Wahrheitsgehalt in sich tragen. Die Beachtung dieses Punktes ist besonders wichtig, wenn man Matthäus-, Markus- und Lukasevangelium miteinander vergleicht. Denn es ist in der Forschung allgemein anerkannt, daß die Verfasser des Matthäus- und des Lukasevangeliums bei ihrer schriftstellerischen Arbeit das Markusevangelium als Materialquelle benutzten. Außerdem lag ihnen noch eine Sammlung vor, die Sprüche Jesu enthielt und in der Forschung allgemein als »Q« (für »Quelle«) bezeichnet wird. Daraus erklärt sich, daß diese drei Evangelien in so vielem gleich klingen, darüber hinaus aber Matthäus und Lukas Erzählungen bieten, die Markus noch nicht kannte. Zusätzlich enthalten alle Evangelien jeweils noch Berichte, die keine Entsprechungen in den anderen Evangelien haben. Dies ist oft dadurch zu erklären, daß es sich um »lokale Überlieferungen« handelt, die ein Autor aufgrund seines Wohnorts gekannt hat (weil es dort eben so erzählt wurde), die anderen aber nicht, weil sie in Gegenden lebten, die diese Geschichten nicht kannten. Für das Johannesevangelium ist die Situation komplizierter, weil es vielfach nicht klar ist, welche Quellen Johannes benutzt hat.

Die »Evangelisten« konnten also auf eine Fülle von Material zurückgreifen, das zu unterschiedlichen Zeiten an verschiedenen Orten entstanden ist. In den Evangelien sind so neben Traditionen jüngeren Datums auch Überlieferungen verarbeitet, deren Entstehungszeit zurückgeht bis in die Tage des »historischen Jesus«. Allesamt sind sie Reaktionen auf konkrete Ereignisse. Hat eine bestimmte Äußerung Jesu Eindruck auf seine Zuhörer gemacht, so wurde sie überliefert. Der Zusammenhang, in dem sie fiel, mochte dabei verlorengehen. Es mögen Sprüche gewesen sein, die gerade diesem Überlieferer wichtig waren. Ein anderer hätte sich vielleicht andere Äußerungen Jesu gemerkt oder aber auch überhaupt nichts. So wurden Bruchstücke überliefert, mehrere von ihnen zusammengefaßt, oft in losem Zusammenhang mündlich weitergegeben, bis sie schließlich aufgeschrieben wurden. Oft war in der Zwischenzeit um einen Ausspruch Jesu herum eine kleine Geschichte konstruiert worden. Damit ließ sich solch ein Spruch viel besser behalten und weitererzählen. Die Evangelisten nun fügten ihrerseits viele dieser Bruchstücke zu großen Komplexen zusammen – den Evangelien. Dabei wurden sie von dem Wunsch geleitet, das Leben, Sterben und Auferstehen Jesu nachzuerzählen. Alle Evangelisten arbeiteten dafür ein Erzählgerüst aus, in das sie die ihnen vorliegenden Überlieferungen einfügten. So entstanden aus ursprünglich oft zusammenhanglosen Erinnerungen an Jesus unsere Evangelien.

Sicher ist, daß Jesus ungefähr im Jahr 30 gekreuzigt wurde. Das älteste Evangelium aber, Markus, stammt in seiner endgültigen Form ca. aus dem Jahre 70. Es waren also zwischenzeitlich ungefähr 40 Jahre vergangen! Bedenkt man, wieviele Einzelheiten im Laufe von 40 Jahren verloren gehen können, wie Geschichten sich in einer solchen Zeit verändern, ausgeschmückt werden, wie sich zusätzlich Legenden bilden, dann wird es verständlich, daß nicht von vornherein jedes Wort der Evangelien als Beschreibung eines tatsächlichen Geschehens verstanden werden darf. Es muß getrennt werden zwischen Sätzen oder Worten der Evangelisten selbst (z. B. Überleitungen zwischen einzelnen Geschichten) und dem, was ihnen vorlag, den Traditionen. Diese Traditionen sind wiederum für sich zu erforschen. Nicht alle sind gleich alt, nicht alle enthalten historische Ereignisse. So sind z. B. Wundergeschichten hinzugefügt worden, um die Einzigartigkeit Jesu zu untermauern. Das heißt aber wiederum nicht, daß *alle* Wundergeschichten frei erfunden wären. So ist es auch Aufgabe der wissenschaftlichen Forschung, diese und ähnliche Unterscheidungen durchzuführen und zu begründen.

Was nun eine Rekonstruktion der Ereignisse noch zusätzlich erschwert, ist die Tatsache, daß die Evangelisten keine neutralen Beobachter waren. Sie alle waren Christen, und als solche deuteten sie sämtliche Berichte über den Juden Jesus. *Sie glaubten an Jesus als ihren auferstandenen Herrn.* Als solcher wird dieser in den Evangelien durchweg dargestellt, auch dort, wo es eigentlich um den durch das Land ziehenden Wanderprediger Jesus geht, von dem die Jünger noch nicht im entferntesten annahmen, daß er gekreuzigt werden und anschließend sogar auferstehen würde.

Die Evangelien deuten also ein vergangenes Geschehen aus ihrem jeweiligen späteren Blickwinkel heraus. Das ist aber keine objektive Geschichtsschreibung! Allen Aussagen muß deshalb zunächst mit Skepsis begegnet werden. Hier liegt die größte Schwierigkeit, der man sich gegenübersieht, soll das in den Evangelien Berichtete rekonstruiert und bewertet werden. Erst eine kritische Untersuchung der Textaussagen, die durch all die umschreibenden Legenden und Ausschmückungen zu dem historischen Kern durchzudringen versucht, kann uns vermuten lassen, was wirklich geschah. Solchermaßen wahrscheinlich gemachte historische Fakten sind unverzichtbar, um unseren christlichen Glauben geschichtlich zu verankern.

Vorgehensweise

Das Zeugnis des Paulus in 1 Kor 15,1–11 ist der älteste Text des Neuen Testaments, der Tod, Auferstehung und Erscheinungen des Auferstandenen konkret erwähnt. Paulus verwendet hier Überlieferungen, die er von früher her kennt. Da der 1. Korintherbrief gewöhnlich um das Jahr 50 datiert wird, darf hier zunächst festgestellt werden, daß die in ihm genannten Überlieferungen älter sein müssen. Wie alt konkret, wird zu zeigen sein.

Dieser frühe Text wird den Leitfaden für unsere Untersuchungen bilden. Es soll versucht werden, das Alter der Überlieferungen festzustellen, ihre Entstehungssituation zu beleuchten und herauszufinden, welche historischen Begebenheiten sich hinter ihnen verbergen.

Paulus schrieb den 1. Korintherbrief zu einem ganz bestimmten Zweck. Es ging ihm nicht darum, genau darzulegen, *wie* Jesus starb und *wie* seine Auferstehungserscheinungen aussahen. Wichtig war für Paulus in dieser Situation offenbar nur, *daß* sie stattgefunden hatten (Jesus starb um das Jahr 30; die Ereignisse, die Paulus hier erwähnt, lagen also schon etwa 20 Jahre zurück).

Eine Untersuchung dieses Textes wird demnach nur sehr unvollständige Ergebnisse bringen können. Deshalb soll anschließend jeder in ihm erwähnte Aspekt gesondert und ausführlich, unter Hinzuziehung aller weiteren erreichbaren Quellen, behandelt werden.

Der »Einstiegstext« 1 Kor 15,1–11

Paulus gründete die Gemeinde von Korinth ca. im Jahre 41 [9], als er sich auf seiner sogenannten »Zweiten Missionsreise« befand. Viele Gemeindemitglieder kannte er von damals noch persönlich. Er richtete den 1. Korintherbrief also an gute Bekannte.

An Personen, bei denen man Gemeinsames voraussetzen kann, schreibt man aber anders als an Fremde. Nicht jedes Thema muß bis ins Kleinste ausgeführt werden; es reicht die Erwähnung von Stichworten aus, die beim Adressaten bekannt sind. So lassen sich auch die knappen Erwähnungen von Tod und Auferstehung Jesu erklären; weitere ausführliche Informationen waren nicht nötig.

1: Ich erinnere euch aber, liebe Brüder, an das Evangelium, das ich euch verkündigt habe, das ihr auch angenommen habt, in dem ihr auch fest steht,

2: durch das ihr auch selig werdet, wenn ihr's festhaltet in der Gestalt, in der ich es euch verkündigt habe; es sei denn, daß ihr umsonst gläubig geworden wärt.

3: Denn als erstes habe ich euch weitergegeben, was auch ich empfangen habe: Daß Christus gestorben ist für unsre Sünden nach den Schriften;

4: und daß er begraben worden ist; und daß er auferweckt worden ist am dritten Tage nach den Schriften;

5: und daß er dem Kephas erschien, danach den Zwölfen.

6: Danach ist er mehr als fünfhundert Brüdern auf einmal erschienen, von denen die meisten noch heute leben, einige aber sind entschlafen.

7: Danach ist er dem Jakobus erschienen, danach allen Aposteln.

8: Zuletzt von allen ist er auch mir als einer unzeitigen Geburt erschienen.

9: Denn ich bin der geringste unter den Aposteln, der ich nicht wert bin, daß ich ein Apostel heiße, weil ich die Gemeinde Gottes verfolgt habe.

10: Aber durch Gottes Gnade bin ich, was ich bin. Und seine Gnade an mir ist nicht vergeblich gewesen, sondern ich habe viel mehr gearbeitet als sie alle; nicht aber ich, sondern Gottes Gnade, die mit mir ist.

11: Es sei nun ich oder jene: so predigen wir, und so habt ihr geglaubt.

Paulus erwähnt in V. 3b–8 Tod, Auferweckung sowie Erscheinungen Christi. Dabei erinnert er an etwas den Korinthern bereits Bekanntes, nämlich an eine Art Glaubensbekenntnis der frühen Christen, das er bei der Gemeindegründung mitgeteilt hatte. Dafür, daß dieses nur von V. 3 b bis V. 5 Ende (»danach den Zwölfen«) reicht, sprechen hauptsächlich zwei Gründe: a) Nach »danach den Zwölfen« setzt eine andere Satzkonstruktion ein; b) Da die Worte »von denen die meisten noch heute leben, einige aber sind entschlafen« (V. 6b) sicher nicht zu der beim Gründungsbesuch weitergegebenen Überlieferung gehören, dürfte überhaupt wahrscheinlich sein, daß Paulus hier nicht mehr an schon Bekanntes erinnert. Vielmehr erzählt er unter Verwendung anderer Traditionen etwas Neues. Das hatte *zum einen* wohl den Zweck der »historischen« Absicherung der Auferstehung Jesu: Mehr als 500 Zeugen auf einmal (V. 6 a) können nicht irren, und wäre jemand angesichts des Gehörten noch immer skeptisch, dann könnte er sie ja direkt fragen, denn die meisten von ihnen lebten ja noch (V. 6b). *Zum anderen* lag Paulus offenbar daran, die den Korinthern beim Gründungsbesuch überbrachte Überlieferung, zu der sicher bereits Jesu Erscheinung vor Kephas gehörte, bis zu sich hin fortzuführen. Dann aber war es notwendig, Erscheinungen derselben Art, die zeitlich der seinigen vorangingen, anzufügen, damit klar würde: Paulus hat laut V. 8 die gleiche »Schau« empfangen wie alle anderen in dieser Reihe aufgeführten Personen. Die Erscheinungen vor Kephas und Jakobus (V. 5 und V. 7), die ursprünglich wohl die Aufgabe hatten, die Erstvision und damit die Legitimierung des Kephas und des Jakobus zu bekräftigen, wurden jetzt von Paulus benutzt, um die *Tatsache* der Erscheinung Christi als solche zu bezeugen.

Wir wissen jetzt, daß die uns besonders interessierenden Verse 3 b–8 aus drei Teilen bestehen:

1. Der »Gründungspredigt« des Paulus (V. 3 b–5);
2. Weiteren Auferstehungserscheinungen (V. 6.7);
3. Der letzten Auferstehungserscheinung vor Paulus selbst (V. 8).

Die verschiedenen Aussagen in 1 Kor. 15, 3 b–5

Es wird schnell klar, daß die beim Gründungsbesuch überlieferte Tradition von V. 3–5 in sich ungleichartig ist: Das viermalige und vielleicht auf Paulus selbst zurückgehende »daß« gibt dabei auch äußerlich die Aneinanderreihung *verschiedener Formeln* zu erkennen. So stehen z. B. die Aussage von Jesu Auferweckung und die von Jesu Tod »für unsere Sünden« ursprünglich nicht nebeneinander, wie Vergleichstexte belegen[10], sondern sind erst später zusammengestellt worden (vgl. die ähnliche Kombination von Todes- und Auferweckungsaussage in Röm 4,25; 14,9; 2 Kor 5,15; 1 Thess 4,14). Doch *wann* diese Zusammenstellung geschah, ist damit noch nicht geklärt. Sie muß nicht von Paulus stammen, sondern kann schon alt und von Paulus hier in bereits fertig vorliegender Form verwendet worden sein.

Zusätzlich läßt sich an V. 3 b–5 beobachten, daß es hier um einen doppelten Beweis geht, a) aus den Schriften (wir kennen sie als »Altes Testament«) und b) aus einer bestätigenden Tatsache. Die Verse 3 b–5 bestehen demnach aus zwei Zeilen und sind wie folgt zu lesen:

a) Christus starb für unsere Sünden nach den Schriften und er wurde begraben;

b) er ist erweckt worden am dritten Tage nach den Schriften und er erschien Kephas, danach den Zwölfen.

Über die *Herkunft* des Traditionsstückes 1 Kor 15,3 b–5 bestehen verschiedene Ansichten. Eine Forschungsrichtung leitet es aus den griechischsprachigen Gemeinden im Umkreis von Antiochien und Damaskus her (mit diesen hatte Paulus besonders intensiven Kontakt), eine andere aus der aramäisch sprechenden Urgemeinde Jerusalems, wobei dann eine Übersetzung ins Griechische vorausgesetzt werden muß. Im ganzen scheint dabei die Alternative »Jerusalem *oder* Antiochien« überspitzt zu sein. »Denn selbst wenn die Tradition auf dem Wege über die Gemeinde in Antiochia auf Paulus gekommen sein sollte, so hätte auch diese nur weitergegeben, was sie empfangen hat – und zwar aus Jerusalem.«[11] Zudem spricht für Jerusalem als Ursprung der Tradition ein inhaltliches Argument: die Schlußbemerkung in 1 Kor 15,11, daß die Predigt des Paulus mit derjenigen der anderen Genannten, also der *Urapostel*, übereinstimmt – und die befanden sich ja zunächst in Jerusalem.

Das Verhältnis der Erscheinungen vor Petrus und Jakobus zueinander

Wir kommen jetzt zu der Frage der Ersterscheinung Jesu vor Kephas / Petrus (V. 5) und ihrem Verhältnis zu der Erscheinung des auferstandenen Christus (Christophanie) vor Jakobus (V. 7).

Aus der von Paulus beim Gründungsbesuch überlieferten Tradition läßt sich der Satz in V. 5 »er erschien dem Kephas, danach[12] den Zwölfen« als ein selbständiges Traditionsstück herauslösen. Dafür spricht *erstens* die Entsprechung zu Lk 24,34 (»Der Herr ist wahrhaftig auferstanden und dem Simon erschienen«) und Mk 16,7 (»sagt seinen Jüngern und Petrus«), *zweitens* die parallele Formulierung im nachfolgenden V. 7.

Die Christophanie vor Jakobus (und allen Aposteln) 1 Kor 15,7 enthält zwei Aussagen, *einmal*: Jakobus hat eine Erscheinung empfangen, *sodann*: Jakobus nimmt eine Sonderstellung im Apostelkreis ein.

Es fällt auf, daß V. 5 und V. 7 gleich aufgebaut sind, wobei – abgesehen von Kephas / Jakobus und die Zwölf / alle Apostel – dieselben Worte gebraucht werden: »Er erschien dem Kephas, danach den Zwölfen«; »er erschien dem Jakobus, danach allen Aposteln«. Diese Parallelität könnte auf zweierlei Weise erklärt werden: a) Paulus selbst gestaltete hier sprachlich V. 7 in Anlehnung an V. 5, wobei ihm eine Überlieferung über eine Erscheinung vor Jakobus und allen Aposteln vorgegeben war; b) Paulus gab in beiden Fällen eine selbständige Tradition wieder. Dann ist entweder schon früher die eine Formel auf der Grundlage der anderen nachgebildet, oder beide Formeln haben einen gemeinsamen Ursprung. In jedem Fall bleibt klar, daß sowohl in V. 5 als auch in V. 7 eine ältere Tradition vorliegt.

Die in 1 Kor 15,5.7 wiedergegebenen Traditionen enthalten die knappe Mitteilung, einer bestimmten Gruppe von Christen sei eine Erscheinung des Auferstandenen widerfahren. Die mögliche Funktion einer solchen »Formel« wird bei einem Blick auf die paulinischen Schriften klar: Paulus verweist im Kampf gegen Widersacher an mehreren Stellen auf seine Schau des Auferstandenen (1 Kor 9,1: »Habe ich nicht unsern Herrn Jesus gesehen?«; vgl. Gal 1,15 f: »daß er [= Gott; Vf.] seinen Sohn offenbarte in mir, damit ich ihn durchs Evangelium verkündigen sollte unter den Heiden«; Phil 3,8: »der überschwenglichen Erkenntnis Christi Jesu, meines Herrn«), um seine Autorität zu legitimieren. Eine ähnliche Funktion haben wohl auch die in 1 Kor 15,5.7 vorliegenden Traditionen, die deswegen am besten als »Legitimationsformeln« zu bezeichnen sind.

Das *Konkurrenzverhältnis* der beiden Formeln V. 5 und V. 7 zueinander läßt sich verstehen, wenn man sie der Entwicklung der Jerusalemer Urgemeinde in ihren ersten beiden Jahrzehnten zuordnet. Petrus hatte demnach die Ersterscheinung. Denn die Petrus und die Zwölf betreffende Legitimationsformel ist älter als die von 1 Kor 15,7. Sie stammt noch aus der Zeit der Existenz des Zwölferkreises (diesen gab es nicht mehr lange nach Jesu Tod) und wurde schon damals, also nicht erst von Paulus, mit dem frühen Glaubensbekenntnis V. 3 b.4 verknüpft.

In der Folgezeit gewann Jakobus, der Bruder Jesu, immer stärker an Einfluß in der Urgemeinde, bis sie schließlich in seine alleinige Leitung überging.

Der Text 1 Kor 15,7 stammt also aus einer späteren Zeit, als Anhänger des Jakobus (oder er selbst) die Erstzeugenschaft bereits für Jakobus (oder für sich selbst) beanspruchten. Sie paßten zu diesem Zweck die Nachricht von der Erscheinung Jesu vor Jakobus der Formel von 1 Kor 15,5 an. Dies stellt das »daß« einer Schau des auferstandenen Jesus durch Jakobus nicht in Frage; er hatte diesen sicherlich auch zu einer frühen Zeit »gesehen«, da Petrus noch Leiter der Gemeinde war. Doch die *Erst*zeugenschaft wurde für Jakobus erst zu einer späteren Zeit behauptet.

Zwischenergebnis

Alle hier untersuchten Traditionsstücke (Tod, Begräbnis, Auferweckung, Erscheinungen) entstanden schon früh. Man wird annehmen können, daß die in ihnen berichteten Ereignisse sämtlich in die ersten beiden Jahre nach der Kreuzigung Jesu zu datieren sind. Für 1 Kor 15,3 b–5 ist die These ohnehin wahrscheinlich. Doch ergibt sie sich auch für 1 Kor 15,6 a.7 *zwin-*

gend daraus, daß die Bekehrung des Paulus am chronologischen Ende der aufgeführten Erscheinungen liegt und diese schon bald nach dem Tode Jesu, der allgemein um das Jahr 30 angesetzt wird, zu denken ist.

Für die Bekehrung des Paulus läßt sich ebenfalls ein recht sicheres Datum herausarbeiten. Die Apostelgeschichte berichtet glaubhaft von einem Aufenthalt des Paulus in Korinth, als dort Gallio Statthalter von Achaia war (Apg 18). Dieser Gallio nun war in den Jahren 51/52 im Amt.[13] Rechnet man von diesem Datum die Zeitabstände zurück, die Paulus in Gal 1,18 (»3 Jahre«) und 2,1 (»14 Jahre«) erwähnt und addiert zwei Jahre Reisezeit hinzu, so ergibt sich als Datum seiner Bekehrung ungefähr das Jahr 33.

Es ist also festzuhalten: *Die in 1 Kor 15,3–8 genannten Erscheinungen haben in der Zeit zwischen 30–33 n. Chr. stattgefunden (das »Daß« der Erscheinungen), weil nämlich die Erscheinung vor Paulus die letzte in dessen Aufzählung darstellt und diese nicht später als 33 n. Chr. zu datieren ist. Ihre endgültige Überlieferungsform (das »Wie« der Erscheinungen) war damit noch nicht festgeschrieben.*

Nun sagten wir schon, daß Paulus den Korinthern bei der Gründungspredigt lediglich das oben genannte »Glaubensbekenntnis« sowie die Erscheinung vor Kephas und den Zwölfen übermittelte, aber keine weiteren Christuserscheinungen (wie z. B. die vor mehr als 500 Brüdern) erwähnte. Anschließend folgte die Begründung dafür, warum der Apostel im 1. Korintherbrief diese Erscheinungen aneinanderreihte: zwecks historischer Absicherung der Auferstehung Jesu und zur Absicherung seiner eigenen apostolischen Autorität. Daß er hierbei schon aus eigenem Interesse mit größter Sorgfalt vorging, liegt auf der Hand. Daraus folgt für den Text *zum einen*, daß Paulus *alle* ihm bekannten Erscheinungen aufgeführt hat, *zum anderen* aber auch die hohe Zuverlässigkeit und Vollständigkeit der Angaben.

An dieser Stelle erhebt sich die Frage, warum Paulus die anderen Erscheinungen nicht bereits bei der Gründungspredigt mitgeteilt hat. Antwort: Sie waren (noch) nicht wie das »Credo« von Tod und Auferweckung Jesu Heilsgrund, während die Erscheinung(en) vor Kephas und den Zwölfen in der allerersten Zeit eine besondere kirchengründende Bedeutung hatten und deswegen zum Evangelium dazugehörten. Man kann daraus *nicht* folgern, daß die anderen Erscheinungen historisch erst nach der Gründung der korinthischen Gemeinde stattgefunden hätten. Eine solche Annahme scheitert schon daran, daß z. B. die Erscheinung vor mehr als 500 Brüdern aus keinem anderen Grund erzählt wurde, als daß sie sich wirklich ereignete. Paulus mag diese Traditionen zum Zeitpunkt der Gemeindegründung in Korinth vielleicht noch nicht gekannt haben.

Welches Verhältnis dabei zwischen dem Ereignis selbst und seiner sprachlichen Ausbildung besteht, ist kaum noch zu sagen. Man wird wegen des außerordentlichen Vorgangs des jeweiligen Geschehens damit rechnen können, daß *unmittelbar* nach der Erscheinung Jesu auch davon berichtet wurde. Wie sollte es überhaupt denkbar sein, daß ein Ereignis stattfand und erst, sagen wir, zehn Jahre danach erzählt wurde?

Somit lassen sich folgende, schon bald nach Jesu Tod weiterüberlieferte Traditionen in 1 Kor 15,1–11 erkennen:

1. Jesus ist gestorben (1 Kor 15,3 b);
2. Jesus wurde begraben (1 Kor 15,4 a);
3. Jesus wurde am dritten Tage auferweckt (1 Kor 15,4 b);
4. Jesus erschien bestimmten Zeugen (1 Kor 15,5–8):
   a) Er erschien vor Kephas / Petrus (1 Kor 15,5 a);
   b) Er erschien vor den Zwölfen (1 Kor 15,5 b);
   c) Er erschien vor mehr als 500 Brüdern (1 Kor 15,6);
   d) Er erschien vor Jakobus (1 Kor 15,7 a);
   e) Er erschien vor allen Aposteln (1 Kor 15,7 b);
   f) Er erschien vor Paulus (1 Kor 15,8).

Ausgehend von dieser Aufstellung und unter Zugrundelegung aller greifbaren Textstellen soll nun versucht werden, Rückschlüsse auf historische Geschehnisse hinter diesen Traditionen – Begräbnis, Auferstehung und Auferstehungserscheinungen Jesu – zu ziehen.

3. Die Ereignisse nach Jesu Tod

Der Tod Jesu

Das Faktum des Todes Jesu als Folge der Kreuzigung ist unbestreitbar, trotz zuweilen aufgebrachter Scheintod- oder Vertauschungshypothesen, und braucht hier nicht weiter diskutiert zu werden.

Das Begräbnis Jesu

Die früheste Nachricht über das Begräbnis Jesu, die wir besitzen (1 Kor 15,3 f), läßt dessen Einzelheiten offen, ebenso wie die dortige Todesnotiz auch die Art des Sterbens (Kreuzigung) nicht erwähnt. Trotzdem muß der Versuch unternommen werden, dem Begräbnis Jesu auf die Spur zu kommen.

Von der Grablegung selbst wird in frühchristlichen Schriften auf zweierlei Weise berichtet:

a) Joseph von Arimathäa hat Jesus bestattet (Mk 15,42–47 und Parallelen im Lukas-, Matthäus- sowie Johannesevangelium);

b) Juden haben Jesus beerdigt (Joh 19,31–37).

Doch wie war es nun wirklich? Lassen die Texte Rückschlüsse auf dieses Geschehnis zu?

Der Bericht Mk 15,42–47 und seine Parallelstellen

Der bekannteste deutschsprachige Neutestamentler dieses Jahrhunderts, Rudolf Bultmann, hält den Text Mk 15,42–47 für einen Geschichtsbericht, der nicht nach einer Legende klingt.[14] Wie alt die hier erhaltene Tradition ist, vermag allerdings auch er nicht festzustellen. Um sein Urteil zu prüfen, muß die Passage in ihrem Gesamtzusammenhang, der markinischen Passionsgeschichte, betrachtet werden:

> *42:* Und als es schon Abend wurde, und weil Rüsttag war, das ist der Tag vor dem Sabbat,
>
> *43:* kam Joseph von Arimathäa, ein angesehener Ratsherr, der auch auf das Reich Gottes wartete, der wagte es und ging hinein zu Pilatus und bat um den Leib Jesu.
>
> *44:* Pilatus aber wunderte sich, daß er schon tot sei, und rief den Hauptmann und fragte ihn, ob er schon lange gestorben sei.
>
> *45:* Und als er's erkundet hatte von dem Hauptmann, gab er Joseph den Leichnam.

46: Und der kaufte ein Leinentuch und nahm ihn ab und wickelte ihn in das Tuch und legte ihn in ein Grab, das war in einen Felsen gehauen, und wälzte einen Stein vor des Grabes Tür.

47: Aber Maria von Magdala und Maria, die Mutter des Joses, sahen, wo er hingelegt wurde.

Der Text verknüpft die Erzählung von der Kreuzigung (15,20–41) mit der vom leeren Grab (16,1–8). Die Zeitbestimmung »als es schon Abend wurde« (V. 42) nimmt die Angaben »die dritte Stunde« (15,25), zu der Jesus gekreuzigt wurde, und die »zur sechsten… bis zur neunte Stunde« (15,33) auf, als eine Finsternis hereinbrach. D.h., nach Markus starb Jesus um 3.00 Uhr am Nachmittag (= 9. Stunde); die Grablegung vollzog sich am Abend.

Ein doppelter Bezug auf die Kreuzigungsszene liegt in V. 44 vor: Das Erstaunen des Pilatus über den schnellen Tod Jesu ist vor allem im Zusammenhang der Passionsgeschichte des Markusevangeliums sinnvoll, denn ihr zufolge ist gegen die Regel die Leidenszeit Jesu ungewöhnlich kurz.[15] *Deswegen* wundert sich Pilatus. Durch die Nachfrage bei dem verantwortlichen Hauptmann (V. 44) wird die Szene mit dem Vorangehenden verbunden (vgl. V. 39: der Hauptmann unter dem Kreuz). Weitere Verknüpfungen mit dem Textzusammenhang bestehen darin, daß 15,46 b und 16,3 b fast wörtlich übereinstimmen und daß die Frauen sowohl unter dem Kreuz stehen, als auch die Bestattung von ferne beobachten und zum leeren Grab gehen (15,40.47; 16,1).

Die Traditionen in Mk 15,42–46

V. 42: Die Zeitangabe »als es Abend wurde« stammt ebenso wie in Mk 4,35; 6,47; 14,17 von Markus selbst. Der Nennung des Rüsttages dagegen liegt wahrscheinlich Tradition zugrunde. Markus erläutert ihn als Tag vor dem Sabbat (vgl. die ähnliche Erklärung jüdischer Gebräuche in Mk 7,3 f).

V. 43: Die Kennzeichnung Josephs als »*angesehener* Ratsherr« geht kaum auf alte Überlieferung zurück. Denn diese Charakterisierung ist nur für das Konzept des Markus zwingend notwendig: Joseph, ein Mitglied des Hohen Rates, der Jesus zum Tode verurteilte (Mk 14,55; 15,1), erwartete gleichzeitig das Reich Gottes. Damit zeichnet Markus den Joseph zwar nicht als Christen, doch hebt er ihn aus der Gruppe der Gegnerschaft Jesu heraus. Durch diese Charakterisierung und angesichts der durchweg positiven Bedeutung, die »Reich Gottes« im Markusevangelium hat (vgl. Mk 1,15), wird Joseph zu einer positiven Gestalt.

Gewiß hätte Markus es vorgezogen, von einem Begräbnis Jesu durch dessen Anhänger zu erzählen, wie er dies in Mk 6,29 (Begräbnis von Johannes dem Täufer) tut. Da er darüber aber keine Überlieferung besaß, zugleich aber eine Nachricht von der Beerdigung Jesu durch einen Ratsherrn Joseph von Arimathäa umlief, nahm er die genannten Aufbesserungen an dessen Charakter vor. Dann aber hat die Annahme manches für sich, daß die Zugehörigkeit Josephs zum Hohen Rat traditionell ist, seine Charakterisierung als »vornehm« jedoch von Markus selbst stammt.

V. 44–45 sind sicher von Markus komponiert. Dafür spricht schon der Wechsel im *griechischen* Sprachgebrauch: In V. 43 hatte Joseph noch um den *Leib* Jesu gebeten; in V. 45 bekommt er von Pilatus den *Leichnam* Jesu. Die beiden Verse verklammern die Szene mit dem Nachfolgenden. Der Tod Jesu ist real und sozusagen amtlich festgestellt.

V. 46: Die Aussage der Bestattung Jesu durch Joseph ist traditionell. Die Angabe über das Felsengrab mit einem Rollstein bereitet hier schon Mk 16,3 vor und gehört ursprünglich nicht zur Geschichte. Da diese Beschreibung des Grabes Jesu in Mk 16,1–8 *vorausgesetzt* ist (andernfalls ergäbe die Erzählung dort keinen Sinn), während sie hier allenfalls eine Erweiterung ist, wurde die Erwähnung des Felsengrabes mit Rollstein womöglich von dort übernommen.

Das Umhüllen mit (gebrauchten) Leinen mag traditionell sein. Es ist bei allen Begräbnisformen im Judentum üblich. Doch fällt auf, daß Joseph Leinen *kauft.* Das schließt ein, daß dieses neu ist. Sagten wir, daß die Bestattung Jesu durch Joseph auf Tradition zurückgeht, so mögen die *neuen* Leinen eine Änderung darstellen, um Unehre vom Begräbnis Jesu fernzuhalten.[16]

Auf der anderen Seite finden sich aber auch Hinweise, die von den Umständen einer normalen Bestattung abweichen. So muß man sich vor Augen halten, daß Jesus keinesfalls in dem Grab seiner Familie in Nazaret bestattet wurde, was zu einem ehrenvollen Begräbnis unbedingt dazugehört hätte. Des weiteren hatte Markus von der Salbung Jesu *vor* seinem Tod in Kap. 14 berichtet und sie als Salbung zum Tode verstanden. Doch kommt es nicht zu einer ehrenvollen Salbung des *Leichnams* Jesu, wie sie als Begräbnisritual sonst bekannt ist.

Die Tradition in Mk 15,42–47 berichtet also von einem Begräbnis Jesu durch Joseph aus Arimathäa, einem Mitglied des Hohen Rates. Über die Art des Begräbnisses sind allein aus dieser Erzählung keine näheren historischen Erkenntnisse zu ziehen. Doch finden sich Anhaltspunkte dafür, daß Markus mit der Tradition eines unehrenhaften Begräbnisses konfrontiert war und diese uminterpretiert hat.

Die Bearbeitung von Mk 15,42–47 durch die Seitenreferenten

Die Seitenreferenten Matthäus und Lukas sowie Johannes haben die Gestalt des Joseph verchristlicht bzw. noch positiver gezeichnet, als es Markus schon getan hat. Abweichend von der Markus-Vorlage war Joseph von Arimathäa laut Matthäus ein reicher Mann und ein Jünger Jesu (Mt 27,57). Lukas zeichnet ihn als guten und gerechten Mann (Lk 23,50), der sich nicht am Richterspruch des Hohen Rates gegen Jesus beteiligt hatte (Lk 23,51), und im PetrEv[17] 2,3 wird er als »Freund des Herrn« bezeichnet.

Auch im Johannesevangelium wird Joseph von Arimathäa als Jünger Jesu bezeichnet (Joh 19,38), der freilich sein Jüngertum aus Furcht vor den Juden verborgen hält (vgl. Joh 12,42; 9,22). Die Erzählung enthält die weitere Einzelheit, daß Nikodemus, »der vormals (sc. Joh 3,2) bei der Nacht zu Jesu gekommen war« (Joh 19,39a), hinzutritt und zusammen mit Joseph den Leichnam Jesu versorgt (19,39f).

Die *Tendenz* in der frühchristlichen Erzähltradition von der Bestattung Jesu durch Joseph von Arimathäa dürfte hinreichend deutlich geworden sein. Aus dem Ratsherrn ist ein Jünger Jesu geworden – fast könnte man sagen: aus dem Feind ein Freund –, und schließlich beteiligt sich sogar ein weiterer Vertrauter Jesu, Nikodemus, am Begräbnis.

Aber auch das Begräbnis wird zunehmend positiv ausgemalt. Sagte Markus lediglich, daß es ein Felsengrab war, so setzten die Seitenreferenten das nicht nur voraus, sondern wissen noch darum, daß es Josephs *eigenes* Grab war (Mt 27,60; PetrEv 6,24[18]). Johannes (20,15) ebenso wie PetrEv 6,24 lokalisieren es sogar im Garten, was eine Auszeichnung bedeutet (vgl. 2 Kön 21,18.26). Schließlich bezeichnen Matthäus (27,60), Lukas (23,53) und Johannes (19,41f) das Grab als neu, womit eine Ehrenbezeugung Jesu ausgedrückt und fernerhin ausgeschlossen wird, daß Jesus z.B. in einem Grab für Verbrecher beigesetzt wurde.

Wir können nun festhalten, daß allein der Markus-Bericht als Quelle für die Frage nach dem historischen Wert der Tradition dienen kann. Gleichzeitig sei bemerkt: Wenn die nachmarkinische Tendenz dahin geht, Joseph zu verchristlichen, wird unsere These bestärkt, daß wohl schon der Markus-Bericht eine positive Veränderung der Josephsgestalt vornimmt. Es ist also zu fragen: Wenn die Erzählung vom Begräbnis zunehmend zu einer Ehrenbezeugung gegenüber Jesus gerät, soll damit nicht vielleicht eine unehrenhafte Bestattung verdrängt werden? Mit anderen Worten: *Liegt in der Markus-Fassung nicht bereits eine fortentwickelte Tradition vor, die das schreckliche Geschehen des Todes Jesu in dem Sinne zu verarbeiten trachtet, daß Jesus wenigstens durch einen vornehmen Ratsherren ein ordentliches Begräbnis erhalten hat?*

Der Bericht Joh 19,31–37

Eine weitere Quelle für die Rekonstruktion der Bestattung Jesu ist der Text Joh 19,31–37:

> *31:* Weil es aber Rüsttag war und die Leichname nicht am Kreuz bleiben sollten den Sabbat über – denn dieser Sabbat war ein hoher Festtag –, baten die Juden Pilatus, daß ihnen die Beine gebrochen und sie abgenommen würden.
> *32:* Da kamen die Soldaten und brachen dem ersten die Beine und auch dem andern, der mit ihm gekreuzigt war.

33: Als sie aber zu Jesus kamen und sahen, daß er schon gestorben war, brachen sie ihm die Beine nicht;

34: sondern einer der Soldaten stieß mit dem Speer in seine Seite, und sogleich kam Blut und Wasser heraus.

35: Und der das gesehen hat, der hat es bezeugt, und sein Zeugnis ist wahr, und er weiß, daß er die Wahrheit sagt, damit auch ihr glaubt.

36: Denn das ist geschehen, damit die Schrift erfüllt würde (2. Mose 12,46): »Ihr sollt ihm kein Bein zerbrechen.«

37: Und wiederum sagt die Schrift an einer andern Stelle (Sacharja 12,10): »Sie werden den sehen, den sie durchbohrt haben.«

Der Text ist so gestaltet, daß Ps 34,21 [19], Ex 12,46 und Sach 12,10 in Handlung umgesetzt werden (vgl. die ausdrückliche Wendung: »damit die Schrift erfüllt würde«; V. 36). Doch ist damit noch nicht die ganze Erzählung als spätere Erfindung erwiesen. Als Traditionskern bleibt vielmehr die Bitte der Juden an Pilatus übrig, daß Jesu Leichnam vom Kreuz abgenommen werden möge (V. 31). Dafür, daß dies eine ältere Tradition ist, spricht die Tatsache, daß die Bitte eben *nicht* erfüllt wird. Wozu sollte jemand eine solche Randnotiz, die im Plan für sein literarisches Konzept keine Rolle spielt, überhaupt erfinden?

V. 38 setzt dann mit der Bitte Josephs ganz neu ein, und dieser selbst (nicht die Römer!) nimmt den Leichnam vom Kreuz. Die Unvereinbarkeit der beiden Berichte läßt sich nicht leugnen. Offenbar wurde der ursprüngliche Abschlußteil der Erzählung (die »Bestattung« Jesu durch Juden) entfernt. An seine Stelle trat später der Bericht einer Grablegung Jesu durch Joseph und Nikodemus (Joh 19,38–42).

Was als ursprüngliche Notiz hinter Joh 19,31–37 vermutet wurde, findet eine Entsprechung in Apg 13,29 (Juden »nahmen… ihn [Jesus] von dem Holz und legten ihn in ein Grab«). Zwar wird vielfach behauptet, daß dieser Vers ausschließlich durch lukanische Sprache und Theologie bestimmt sei und deshalb von Lukas selbst stamme. Doch ist dies keineswegs bewiesen. Normalerweise nämlich lastet Lukas den Juden in den Missionsreden der Apostelgeschichte durchweg den Tod Jesu an (Apg 2,23; 3,13–15, 4,27; 5,30; 7,53; 10,39; 13,28). An *dieser* Stelle aber (Apg 13,29) sorgen Juden für die Abnahme des Leichnams und für die Beerdigung, was sich schlecht mit dem Motiv der Schuldzuweisung vereinbaren läßt. Ein lukanisches Interesse an diesem Handlungsablauf läßt sich nicht erklären. Hier liegt also eine eigenständige Überlieferung vor, die Lukas übernahm und die derjenigen hinter Joh 19,31–37 entspricht.

Wie Jesus wirklich begraben wurde

Aus dem skizzierten Befund ist mit großer Wahrscheinlichkeit zu folgern: Die Tradition eines Begräbnisses Jesu liegt in zwei *voneinander unabhängi-*

gen Erzählungen vor: a) Joseph von Arimathäa bittet Pilatus um den Leichnam Jesu und bestattet ihn; b) Juden bitten Pilatus um den Leichnam Jesu und bestatten ihn. *Dabei ist klar, daß Tradition b) die ältere sein dürfte und a) eine nachträgliche Bildung darstellt, zumindest soweit es die oben aufgezeigten Tendenzen einer christlichen Interpretation betrifft.*

Dies wirft die Frage auf, wie Jesus nun wirklich bestattet wurde. Dazu muß zunächst geklärt werden, wie Bestattungen von Gekreuzigten zur damaligen Zeit üblicherweise vollzogen wurden:

Die römische Rechtspraxis sah vor, daß am Kreuz Gestorbene dort verwesen bzw. von Geiern, Schakalen oder anderen Tieren verzehrt werden sollten. – Dies sollte eine Mahnung für die Lebenden sein. Diese Möglichkeit scheidet für Jesus aus, da die Traditionen übereinstimmend von einer Abnahme vom Kreuz berichten (auch 1 Kor 15,4 setzt das voraus). Daher dürfte das »Begräbnis Jesu« zu jenen Ausnahmefällen gehören, in denen die römische Behörde den Leichnam freigab. Von solchen Ausnahmen berichtet der jüdische Schriftsteller Philo zu Beginn des 1. Jahrhunderts.[20] Vermutlich haben Juden Jesus vom Kreuz abgenommen, weil ein verstorbener Gekreuzigter nicht über Nacht am Holz hängen sollte (Dtn 21,23) und weil ein Feiertag (= Passahfest) bevorstand. Außerdem war die Freigabe und Abnahme Jesu vom Kreuz auch im Sinne des Pilatus, weil so von vornherein einer Unruhe angesichts der großen Zahl von Festbesuchern vorgebeugt war.

Über den genauen Ort der Bestattung Jesu sind nur Vermutungen möglich. Die Hypothese einer Bestattung Jesu im Familiengrab des Joseph von Arimathäa scheitert an der Tendenz der frühchristlichen Berichte, die ein Wissen um eine *unehrenhafte Beerdigung Jesu* verraten bzw. eine solche befürchten lassen. Die Annahme der Beerdigung Jesu in einem Gräberfeld für Hingerichtete, einer jüdischen Praxis, ist nahezu unmöglich, weil Jesus ja *nicht von den jüdischen Behörden* exekutiert wurde. Da sich weder die Jünger noch die nächsten Familienangehörigen um Jesu Leichnam gekümmert haben, ist es kaum denkbar, daß sie über den Verbleib des Leichnams informiert waren.

Die oben rekonstruierten beiden Traditionsstränge kennen vielleicht übereinstimmend Joseph von Arimathäa. Er wäre es dann gewesen, der (von den Juden) beauftragt wurde, sich um die Beisetzung Jesu zu kümmern. Daß er ein Jünger oder ein Freund Jesu war, ist unwahrscheinlich. Der umgekehrte Schluß, er habe als Mitglied des Hohen Rates automatisch zu den Feinden Jesu gehört, ist ebensowenig statthaft, da – historisch gesehen – die Verurteilung Jesu durch den Hohen Rat starken Zweifeln unterliegt. Wohin er (oder uns unbekannte Juden) den Leichnam gelegt hat (haben), können wir nicht mehr sagen.

Das wußte offenbar auch die früheste Gemeinde nicht. Denn angesichts der Bedeutung von Heiligengräbern zur Zeit Jesu kann vorausgesetzt werden: Im Falle einer Kenntnis des Grabes Jesu hätten die frühen Christen dieses verehrt, und darüber wären Traditionen erhalten.[21]

Die Auferstehung Jesu

Die eigentliche Auferweckung Jesu von den Toten, also der Vorgang an sich, wird in keinem Text des Neuen Testaments geschildert. Außerhalb des Neuen Testaments dagegen gibt es einige Texte, die den Auferstehungsvorgang selbst beschreiben. Wie diese Überlieferungen einzuordnen sind, wird unten S. 55 ff untersucht.

In der Formulierung der Aussagen über die Auferstehung Jesu ist immer schon die Auferstehungs*erscheinung* Jesu vor bestimmten Personen vorausgesetzt. Denn diese Erscheinungen haben ja ihrerseits erst die Vorstellung gefestigt, daß Jesus auferstanden sei. So spielt bei der Frage nach der eigentlichen Auferstehung auch immer diejenige nach den Auferstehungserscheinungen eine Rolle. Trotzdem sollen diese, getreu den von Paulus in 1 Kor 15 aufgelisteten Aussagen, später separat behandelt werden.

Hier nun werden zunächst die Ostergeschichten der vier Evangelien systematisch analysiert. Die Reihenfolge des Vorgehens (Markus-, Lukas-, Matthäus- und Johannesevangelium) ergibt sich dabei aus der Abfassungszeit der Evangelien (zur zeitlichen Einordnung vgl. oben S. 14). Dabei ist von vornherein festzustellen, daß alle Evangelien in ihren Auferstehungsberichten unterschiedliche Akzente setzen. Zwar ist allgemein vorauszusetzen, daß Markus sowohl dem Matthäus- als auch dem Lukasevangelium zugrunde liegt und Johannes literar- bzw. traditionsgeschichtlich jünger ist. Aber das »darf auf keinen Fall so verstanden werden, dass die Neuerungen aus Mt und Lk einfach durch literarische Bearbeitung des Mk, die Eigentümlichkeiten des Joh durch literarische Umgestaltung der synoptischen Texte bedingt sein soll. Hinter der durch die Texte bezeugten traditionsgeschichtlichen Bewegung steht eine mündlich-schriftliche Überlieferung...«[22]

Der Neutestamentler Joachim Jeremias beschrieb 1971 die Osterberichte der Evangelien recht präzise und nannte als auffälligstes literarisches Problem der Auferstehungstexte ihre Unterschiedlichkeit und bunte Vielfalt. Von einem gemeinsamen Gerüst könne höchstens in der Reihenfolge: leeres Grab – Erscheinungen die Rede sein. Alle übrigen Textaussagen seien höchst uneinheitlich.

»Das gilt zunächst von dem *Personenkreis*. Der Auferstandene erscheint bald einem einzelnen, bald einem Jüngerpaar, bald einem geschlossenen Kreis, bald einer riesigen Menge. Die Zeugen sind meist Männer, aber auch Frauen; es sind Angehörige des engsten Jüngerkreises, sonstige Anhänger wie Josef und Matthias (sc. Apg 1,22f), aber auch Skeptiker wie der Älteste des Familienverbandes Jakobus (sc. 1 Kor 15,7); mindestens in einem Fall ist es ein fanatischer Gegner«[23], nämlich Paulus (1 Kor 15,8).

Sodann weist Jeremias auf die verschiedenen *Schauplätze* hin: im Haus, im Freien, bei Jerusalem, in einem judäischen Dorf, am Ufer des Sees Genezareth, im galiläischen Bergland, einmal außerhalb Palästinas vor Damaskus.

Diese Uneinheitlichkeit der Aussagen stehe in krassem Gegensatz zu den Passionsberichten der Evangelien. Bei den *Leiden Jesu* seien die Textaussagen fast einheitlich. Nach Jeremias sei dieser strukturelle Unterschied zwischen Passionsbericht und Ostererzählungen durch die Ereignisse selbst begründet. Denn während »die Passion ein überschaubares, sich in Jerusalem abspielendes Geschehen weniger Tage war, handelt es sich bei den Christophanien um eine Fülle verschiedenartigster Vorgänge, die sich über einen langen Zeitraum, wahrscheinlich über Jahre, hinzogen; erst relativ spät hat die Überlieferung den Zeitraum der Christophanien auf 40 Tage beschränkt (Apg 1,3)« (S. 286).

Im Anschluß arbeitet Jeremias dann drei Motive heraus, die den Ostergeschichten nachträglich zugewachsen seien: *Erstens* handele es sich darum, daß man die Berichte über die Erscheinungen durch Worte des Auferstandenen und durch Gespräche mit ihm ausschmückte.

Zweitens habe der Zwang der Beweislast, unter dem die ersten Christen standen, die endgültige Form der Osterberichte beeinflußt. Sie stellten letztlich die gemeindliche Reaktion auf den Zweifel und Spott Außenstehender dar (vgl. die Grabwächterlegende Mt 27,62–66; 28,11–15) und betonten auch deshalb besonders die Körperlichkeit des Auferstandenen (Lk 24,39; Joh 20,20; Lk 24,41–43).

Drittens habe die innerkirchliche Entwicklung die Ostererzählungen gestaltet; so seien kirchliches Formelgut (Mt 28,19), der kirchliche Kalender (Joh 20,26; Apg 2,1 ff) und vor allem die missionarische Verpflichtung der Kirche (Mt 28,16–20; Lk 24,44–49; Apg 1,4–8) in die Berichte eingearbeitet worden.

Sicher ist jedoch, daß nach Jesu Tod etwas geschehen sein muß, das die Anhänger dazu veranlaßte, von Jesus als dem auferstandenen Christus zu sprechen. Im Neuen Testament sind viele Reaktionen auf die Auferstehung Jesu überliefert, z. T. schon aus sehr früher Zeit. Sie reichen von kurzen Glaubensaussagen wie »Gott, der Jesus von den Toten auferweckt hat« bis zu ausführlichen Ostergeschichten. Lediglich bei letzteren besteht Hoffnung, durch kritische Analysen eine Antwort auf die Frage zu finden, was historisch zu Ostern wirklich passiert ist.

Das Ostergeschehen nach Markus

Der ursprüngliche Schluß des Markusevangeliums (Mk 16,1–8)

> *1:* Und als der Sabbat vergangen war, kauften Maria von Magdala und Maria, die Mutter des Jakobus, und Salome wohlriechende Öle, um hinzugehen und ihn zu salben.

2: Und sie kamen zum Grab am ersten Tage nach dem Sabbat, sehr früh, als die Sonne aufging.

3: Und sie sprachen untereinander: Wer wälzt uns den Stein von des Grabes Tür?

4: Und sie sahen hin und wurden gewahr, daß der Stein weggewälzt war; denn er war sehr groß.

5: Und sie gingen hinein in das Grab und sahen einen Jüngling zur rechten Hand sitzen, der hatte ein langes weißes Gewand an, und sie entsetzten sich.

6: Er aber sprach zu ihnen: Entsetzt euch nicht! Ihr sucht Jesus den Nazarener, den Gekreuzigten. Er ist auferweckt worden, er ist nicht hier. Siehe da die Stätte, wo sie ihn hinlegten.

7: Geht aber hin und sagt seinen Jüngern und Petrus, daß er vor euch hingehen wird nach Galiläa; dort werdet ihr ihn sehen, wie er euch gesagt hat.

8: Und sie gingen hinaus und flohen von dem Grab; denn Zittern und Entsetzen hatte sie ergriffen. Und sie sagten niemandem etwas; denn sie fürchteten sich.

Der vorliegende Bericht ist in mancherlei Weise merkwürdig: Der *erste* Anstoß, den er bietet, betrifft seine Stellung am Ende des Evangeliums. Es ist erwiesen und anerkannt, daß die ab Mk 16,9 folgenden Verse erst später hinzugefügt worden sind. So stellt sich die Frage: Wie kann ein Evangelium mit dem Satz »denn sie fürchteten sich« (V. 8) geschlossen haben?

Nun ist seit alters versucht worden, ein ursprüngliches Ende des Markusevangeliums zu rekonstruieren. Es wird darauf hingewiesen, daß ihm im 2. Jahrhundert verschiedene Schlüsse gegeben worden seien und daß die Seitenreferenten Matthäus und Lukas die Markus-Vorlage, die bis 16,8 reichte, mit einer Ergänzung ausgestattet hätten. Daraus wird gefolgert, daß der ursprüngliche Markus-Schluß schon früh weggebrochen sei (Blattverlust oder absichtliche Tilgung). So würde der hier besprochene Anstoß zweifellos beseitigt.

Ungeachtet aller Ergänzungen sollte jedoch aus methodischen Gründen zunächst der Versuch unternommen werden, das überlieferte Markusevangelium in seiner vorliegenden Gestalt zu verstehen. Spekulationen über verlorengegangene Partien dürfen erst einsetzen, wenn sich die als »echt« gesicherten Teile nicht stimmig interpretieren lassen. Zudem wird oft vergessen, daß sich ein eventueller Blattverlust bereits am Urexemplar hätte ereignen müssen. Denn Bücher wurden ja durch Abschreiben ständig kopiert, und je später die Beschädigung in diesem Kopierprozeß eingesetzt hätte, desto eher wäre die Erhaltung wenigstens *eines* originalen Markus-Schlusses zu erwarten gewesen.

Der *zweite* Anstoß, den die vorliegende Erzählung bietet, besteht in dem Inhalt des von Markus Berichteten: Wenn die Frauen dem Auftrag des

Engels keine Folge leisten, wie V. 8 sagt, wie soll dann die Auferstehungsbotschaft die Jünger und Petrus erreicht haben? Hier kann also historisch
etwas nicht stimmen.

V. 1: Eine Zeitangabe leitet die Geschichte ein (»Sabbat« nimmt »Vorsab-
bat« [15,42] auf). In V. 2 wird dann die Zeitangabe von V. 1 wiederholt (»am
ersten Tage nach dem Sabbat«). Das hier vorausgesetzte Datum »dritter
Tag« gehört sicher zur Überlieferung. Dabei ist nicht auszuschließen, daß
das Datum schon zur Rechtfertigung der kirchlichen Osterfeier dienen
sollte (vgl. Apg 20,7, Apk 1,10; 1 Kor 16,2[?]).

Die beabsichtigte Salbung erinnert an 14,3–9 (Salbung Jesu durch die
[anonyme] Frau[24] in Betanien). Dort geschieht sie im voraus »zum Begräbnis« (14,8). Indem Markus dieses Motiv im Zusammenhang mit Frauen hier
in 16,1 wiederum anführt, rahmt er den Passionsbericht durch Erzählungen
mit ähnlichen Motiven.[25] Dahinter könnte jedoch die ursprüngliche Tradition einer Totenklage der Frauen stehen (vgl. Lk 23,27).

Die Frauennamen nehmen Mk 15,40 und 15,47 auf. In allen drei Fällen
erscheint Maria von Magdala an der Spitze. Markus war offensichtlich der
Meinung, daß es sich immer um dieselbe Maria-Gruppe handelte. Da von
diesen Jüngerinnen Jesu im Evangelium bisher keine Rede war, trägt er in
15,41 nach, daß sie ihm bereits früh in Galiläa nachfolgten und ihm dienten
(vgl. Mk 1,31).

Hier ist die Frage zu stellen, ob die mehrmalige Erwähnung der Frauen
auf verschiedene Überlieferungen zurückgeht. Könnte man dies nachweisen, so dürfte man umso mehr davon ausgehen, daß hier eine damals allgemein bekannte Personengruppe zugrunde liegt.

V. 15,40f macht im Zusammenhang einen isolierten Eindruck. Das Bekenntnis des Hauptmanns unter dem Kreuz: »Wahrlich, dieser Mensch ist
Gottes Sohn gewesen« (15,39) ist der Höhepunkt, und die folgende
Frauenliste (15,40) mit Erklärung (15,41) wirkt wie ein Nachtrag. Nun hat
sicherlich Markus selbst V. 41 formuliert. Die namentliche Nennung der
drei Frauen in Mk 15,40 (»Maria von Magdala und Maria, die Mutter Jakobus‘ des Kleinen und des Joses, und Salome«) stimmt mit Mk 16,1 und 15,47
überein: Maria von Magdala, Maria und Salome. Dagegen unterscheiden
sich die Beinamen der Maria in 15,47 (»die Mutter des Joses«) und 16,1 (»die
Mutter des Jakobus«), was auf voneinander unabhängige Traditionen hin-
weisen dürfte; sie stimmen aber jeweils mit *einem* Beinamen der Maria aus
Mk 15,40 überein. So darf vermutet werden, daß Markus auch diesen V. 40
selbst gestaltet hat, indem er die Namen der Frauen aus den Traditionen
von Mk 16,1 und 15,47 übernommen hat.

Gleichzeitig darf bezweifelt werden, daß die Frauen aus 15,47 ursprünglich mit der Grablegung Jesu verbunden waren. Eher hat Markus ihre Namen in seiner Passionsüberlieferung gefunden und sie an diese Stelle ver-
setzt, um einen besseren Übergang zu 16,1 zu schaffen.

Wir können also festhalten, daß sowohl für die Passionsgeschichte als auch für die folgende Grabesgeschichte unabhängig voneinander eine Erwähnung von Frauen vorgelegen hat.

V. 2: »Grab« bezieht sich auf dasselbe Wort in 15,46 zurück. »Als die Sonne aufging« schließt an das »als es Abend wurde« (15,42) an: Die einbrechende Nacht hatte die Salbung Jesu verhindert. Daß man am Morgen vor dem Sonnenaufgang keine Salben kaufen konnte, stört den Erzähler nicht. Alles ist nur darauf angelegt, daß die Frauen zum Grab gelangen.

V. 3–4: »Stein« und »Grabtür« nehmen dieselben Worte aus 15,46 auf. Diesen Vers – wie auch den nächsten – hat wahrscheinlich Markus selbst ausgeschmückt.

V. 5: Der Jüngling im weißen Gewand [26] ist eine himmlische Gestalt. Mt 28,2 identifiziert ihn später konkret als Engel.

Das ganze Geschehen ist eine Art Erscheinungsszene. Das »Sitzen zur Rechten« verleiht der Botschaft des Jünglings Nachdruck und bestätigt sie, da »rechts« die richtige, glückliche Seite anzeigt (vgl. Joh 21,6 u.ö.) und da »sitzen« offenbar die Autorität ausdrückt, mit der der Jüngling spricht (vgl. Dan 7,9; Apk 21,5).

Die Reaktion der Frauen, das Entsetzen (nicht angesichts des leeren Grabes, sondern angesichts des Engels) trägt sprachlich markinische Züge: so kommt der hier gebrauchte Ausdruck für »entsetzen« im Neuen Testament nur bei Markus vor (9,15; 14,33; 16,5.6). Es handelt sich um ein markinisches Wort, welches zum Thema des leidenden Christus hinleitet, das bis Mk 16,8 im Vordergrund stehen wird.

V. 6: »entsetzt« nimmt dasselbe Wort aus V. 5 auf. »Jesus den Nazarener, den Gekreuzigten« ist eine spätere Einfügung und bezieht sich auf die Passionsgeschichte (Mk 14–15) sowie auf die Voraussagen der Passion (Mk 8,31; 9,31; 10,34) zurück. Indem ferner Jesus »der Nazarener« (vgl. 1,24; 10,47; 14,67) genannt wird, ist eine Gleichsetzung mit dem irdischen Jesus sichergestellt.

Die Botschaft des Jünglings ist, daß Jesus auferweckt wurde. Sie entspricht Jesu eigener Voraussage aus 8,31; 9,31 und 10,34. Der Hinweis auf das leere Grab (»er ist nicht hier«) unterstreicht die Wirklichkeit von Jesu Auferweckung. Doch muß hier die Reihenfolge beachtet werden: Der Satz »Jesus wurde auferweckt« steht obenan; »erst dann kommt auch das leere Grab in den Blick… Die Tendenz ist also nicht: Das Grab ist leer, also ist Jesus auferstanden; sondern sie ist geradezu entgegengesetzt: Jesus ist auferweckt – er ist nicht hier – das Grab ist also leer.« [27]

V. 7: Der Vers enthält den Auftrag an die Frauen, den Jüngern und Petrus mitzuteilen, daß Jesus ihnen nach Galiläa vorausgehen werde. Damit ist ausdrücklich auf Mk 14,28 (»Wenn ich aber auferstanden bin, will ich vor euch hingehen nach Galiläa«) zurückverwiesen; es ist offensichtlich, daß beide Verse spätere Konstruktionen sind. Das Evangelium soll dort enden, wo es begann: in Galiläa. – Jesu Vorausgehen bezieht sich dabei ebenso wie in Mk 10,32 auf den christlichen Weg, den es in der Nachfolge Jesu zu beschreiten gilt. Markus steht hier in der urchristlichen Tradition, in der der »Weg« ein feststehender Ausdruck für den »christlichen Weg« geworden ist (vgl. Apg 9,2: »Anhänger des neuen Weges«).

V. 8: Die Flucht der Frauen erinnert an die Flucht der Jünger in 14,50. Ihre Furcht wird im vorliegenden Vers gleich zweimal beschrieben (man vgl. die ähnliche Verdoppelung Mk 10,32). Sie führt dazu, daß sie entgegen dem ausdrücklichen Befehl des Jünglings niemandem etwas erzählen. Diesem Ungehorsam entspricht das Versagen der Jünger im gesamten Markusevangelium.

Der das Evangelium abschließende Satz »denn sie fürchteten sich« stammt von Markus. Als Erzählungs- und Evangeliumsschluß ist er zwar ungewöhnlich und überraschend, doch durchaus denkbar. Es sei nur auf Gen 18,15 in der Fassung der griechischen Übersetzung (»Da leugnete Sara und sprach: Ich habe nicht gelacht –, denn sie fürchtete sich«) als Beleg dafür verwiesen, daß »sie fürchteten sich« am Schluß eines Satzes und einer Geschichte stehen konnte. Überdies ist V. 8 b ein Rückverweis auf die bereits lebhaft ausgemalte Furcht der Frauen. Daher »wird man schwerlich bestreiten können, daß der Text, wie er lautet, wohl verständlich ist und einen wirkungsvollen Rhythmus der Rede aufweist.«[28]

Der abrupte Schlußvers Mk 16,8 paßt sehr wohl in die Konzeption des Markusevangeliums: Wenn die Frauen schweigen, hängt alles Folgende von dem *sich selbst* in der christlichen Gemeinde erweisenden Jesus ab. Und dies ist für das markinische Konzept durchaus von Interesse!

Mk 16,1–8 ist also ein sinnvolles Ende des Evangeliums, und zwar als Veranschaulichung der Botschaft von Kreuz und Auferstehung (V. 6), das in die dramatische Episode 16,1–8 gekleidet wurde. Ebenso kann das ganze Evangelium als Veranschaulichung dieser Botschaft verstanden werden (= Verkündigung als Erzählung).

Die Überlieferung hinter Mk 16,1–8 und ihr historischer Gehalt

Nachdem die Textbasis der Auferstehungsgeschichte Mk 16,1–8 feststeht, geht es im folgenden um die hinter ihr stehenden Traditionen und die Frage nach deren Historizität. Daß die Erwähnung der Frauen (Maria Magdalena, Maria, Salome) nicht erst von Markus in die Grabesgeschichte eingearbeitet wurde, sondern ihr bereits traditionell zugehörte, wurde schon erwähnt. Als nächstes muß nun geklärt werden, ob Mk 16,1–8 *[29] Bestandteil einer längeren vormarkinischen Passionsgeschichte gewesen ist:

Gegen Mk 16,1–8 * als Bestandteil einer vormarkinischen Passionsgeschichte und für den Text als ursprünglich eigenständige Einheit sprechen folgende Gründe:

1. Mk 16,1 setzt neu ein;
2. Mk 16,1 und 15,47 liegen zwei verschiedene Frauenlisten vor. Hätten

beide Texte zusammengehört, so wäre wohl nur eine einheitliche Liste überliefert;

3. Bezüge auf das Alte Testament, die sich sonst häufig in der Passionsgeschichte finden, fehlen in Mk 16,1–8;

4. Mk 16,1–8 und die Grablegungsgeschichte Mk 15,42–47 passen nicht gut zusammen. In der Grablegungsgeschichte erscheint das Begräbnis Jesu als *abgeschlossen*. Dazu steht die Salbungsabsicht der Frauen am Ostermorgen (Mk 16,1) im Widerspruch, denn ein solcher Plan setzt eine unterlassene Salbung des Leichnams und deswegen eine nur *vorläufige* Bestattung voraus.

Es darf somit als wahrscheinlich gelten, daß Mk 16,1–8 * kein Bestandteil einer vormarkinischen Passionsgeschichte war, sondern daß es sich dabei um eine kleine, eigenständige Einheit handelte, die von Markus an dieser Stelle eingearbeitet wurde.

Bemerkenswert ist weiterhin die Aussagekraft der Erzählung. Rudolf Bultmann bezeichnet den Aufbau der Geschichte als »eindrucksvoll: die Überlegung der Frauen V.3, der überraschende Anblick des fortgewälzten Steines und die Erscheinung des Engels V.4f., das meisterhaft formulierte Wort des Engels V.6 und der erschütternde Eindruck V.8«[30], der durch die Entdeckung des leeren Grabes hervorgerufen worden sei. Nach Bultmann ist diese Geschichte als Antwort der frühen Christen auf polemische Fragen der Juden entstanden. Natürlich wuchs auf beiden Seiten (Christen wie deren Gegner) das Interesse an dem Verbleib des Leichnams Jesu, besonders da eine Verkündigung Jesu als des Auferstandenen bei Gegnern bzw. Ungläubigen die Frage nach dem Leichnam Jesu geradezu provozierte. Mt 28,13–15 belegt diese Situation eindrücklich:

> *13:* Sagt, seine Jünger sind in der Nacht gekommen und haben ihn gestohlen, während wir schliefen.
>
> …
>
> *15:* Sie nahmen das Geld und taten, wie sie angewiesen waren. Und so ist dies zum Gerede geworden bei den Juden bis auf den heutigen Tag.

So dient die Erzählung Mk 16,1–8 einem doppelten Zweck: Sie verbindet die christliche Verkündigung von der Auferstehung Jesu mit ihrer Schlußfolgerung, dem leeren Grab. *Als Beleg dafür, daß das Grab tatsächlich leer war, ist sie allerdings unbrauchbar. Das Ziel der Erzählung ist es, Argumente gegen mögliche Kritik zu liefern: V.3–6 verteidigen die Tatsächlichkeit der Auferstehung und V.8 die Authentizität des Berichteten.*

Allein die Aussagen von Mk 16,1–8 lassen einen Rekonstruktionsversuch zur Entstehung der Überlieferung zu: Am Anfang stand die Auferstehungsbotschaft (V.6). Von da entwickelte sich als Verteidigung gegen polemische Fragen von Gegnern des frühen Christentums die Erzählung vom leeren Grab. Daß Frauen die Hauptpersonen dieser Legende bildeten, lag nicht fern, da die Flucht der Jünger ja bekannt war; als Auferstehungszeugen waren sie also unbrauchbar. Gleichzeitig waren aber die Frauen ein Teil der Passionsgeschichte, und so mag wegen der Zusammengehörigkeit von Passion, Tod und Auferstehung in der christlichen Verkündigung ein Bedürfnis empfunden worden sein, auch von ihrer Kenntnisnahme der Auferstehung Jesu zu erzählen. So bildete sich nachträglich auf der Grundlage des frühen christlichen Glaubens eine Legende mit Frauen als Empfängerinnen der Auferstehungsverkündigung am Grabe Jesu.

Daß das »Credo« von Tod und Auferstehung Jesu – verbunden mit einer Erscheinung vor Petrus – am *Anfang* dieser Entwicklung stand, ergibt sich indirekt auch aus V. 7. Hier erscheinen »die Jünger und Petrus« im Zusammenhang mit dem »Sehen« des Auferstandenen. Das dürfte sich auf die alte Überlieferung 1 Kor 15,5 beziehen, in der Kephas und die Zwölf als die Erstzeugen der Erscheinung des Auferstandenen genannt wurden. (Wohlgemerkt: V. 7 ist von Markus in die Tradition eingefügt worden, doch scheint sich in seiner Aussage älteres Wissen erhalten zu haben.)

Der Gang von Maria Magdalena mit den anderen beiden Frauen zum Grab Jesu am Tage nach dem Sabbat ist schwerlich geschichtlich zu nennen. Die Quelle ist eine spät entstandene, gegen Angriffe von Gegnern gerichtete Legende, die ohne einen schon vorher vorhandenen »christlichen« Glauben nicht hätte existieren können. Denn erst aus der Botschaft, daß der Gekreuzigte auferstanden sei, wurde »gefolgert«: Das Grab Jesu war leer. Die vorliegende Geschichte ist sozusagen Produkt eines gedanklichen Schlusses. Aus dem »Dogma« wird Geschichte erst gefolgert. *Daraus ist ehrlicherweise gar nichts* für das historisch wirklich Geschehene zu gewinnen.

Der nachträgliche Schluß des Markusevangeliums (Mk 16,9–20)

Der erst später zum Evangelium hinzugefügte lange Markus-Schluß 16,9–20 erinnert in seiner Aufzählung vieler Auferstehungserscheinungen an 1 Kor 15,3–8.

> *9:* Als aber Jesus auferstanden war früh am ersten Tag der Woche, erschien er zuerst Maria von Magdala, von der er sieben böse Geister ausgetrieben hatte.
>
> *10:* Und sie ging hin und verkündete es denen, die mit ihm gewesen waren und Leid trugen und weinten.
>
> *11:* Und als diese hörten, daß er lebe und sei ihr erschienen, glaubten sie es nicht.
>
> *12:* Danach offenbarte er sich in anderer Gestalt zweien von ihnen unterwegs, als sie über Land gingen.
>
> *13:* Und die gingen auch hin und verkündeten es den anderen. Aber auch denen glaubten sie nicht.

14: Zuletzt, als die Elf zu Tisch saßen, offenbarte er sich ihnen und schalt ihren Unglauben und ihres Herzens Härte, daß sie nicht geglaubt hatten denen, die ihn gesehen hatten als Auferstandenen.

15: Und er sprach zu ihnen: Gehet hin in alle Welt und predigt das Evangelium aller Kreatur.

16: Wer da glaubt, der wird selig werden; wer aber nicht glaubt, der wird verdammt werden.

17: Die Zeichen aber, die folgen werden denen, die da glauben, sind diese: in meinem Namen werden sie böse Geister austreiben, in neuen Zungen reden,

18: Schlangen mit den Händen hochheben, und wenn sie etwas Tödliches trinken, wird's ihnen nicht schaden; auf Kranke werden sie die Hände legen, so wird's besser mit ihnen werden.

19: Nachdem der Herr Jesus mit ihnen geredet hatte, wurde er aufgehoben gen Himmel und setzte sich zur Rechten Gottes.

20: Sie aber zogen aus und predigten an allen Orten. Und der Herr wirkte mit ihnen und bekräftigte das Wort durch die mitfolgenden Zeichen.

Der Text zeigt einige Besonderheiten: Er setzt die Ersterscheinung vor Maria Magdalena voraus und verdrängt damit wohl die Ersterscheinung vor Kephas. Doch zugleich wird die Bedeutung der Erscheinung vor Maria abgeschwächt: Sie erscheint zwar an der Spitze einer Zeugenkette, alles Gewicht liegt aber auf der späteren Erscheinung vor den elf Jüngern, denen ja auch die ausführlich erzählten Weisungen Jesu gelten (*V. 15 – 18*).

Das Motiv des Unglaubens durchzieht den Abschnitt (*V. 11, 13 und 14*). Gleichzeitig wird zum (rechten) Glauben aufgerufen (*V. 16 und 17*). Damit ist der Text als eine Verteidigung des Glaubens an die Auferstehung unter gleichzeitigem Hinweis auf die Wunder der Kirche (*V. 18*) anzusehen.[31]

Das Stück wurde mit Sicherheit nicht erst speziell als Abschluß des Markusevangeliums verfaßt, sondern existierte schon vorher, und zwar wohl als eine Art »Osterkatechismus im Gemeindeunterricht«[32]. *Es handelt sich um eine Art Zusammenstellung der Osterberichte, die dem Verfasser bekannt waren.* Dabei ist allerdings eine Kenntnis von Markus- und Matthäusevangelium nicht nachweisbar, wohl aber die des Lukas- und des Johannesevangeliums sowie der Apostelgeschichte.[33] *Über die jeweils dort feststellbaren Befunde hinaus können aus Mk 16,9–20 keine weitergehenden Erkenntnisse gezogen werden.*

Das Ostergeschehen nach Lukas

Lukas schreibt, daß »viele es schon unternommen haben, Bericht zu geben von den Geschichten, die unter uns geschehen sind« (Lk 1,1) und bezeichnet diese als »*Augenzeugen* und Diener des Worts« (Lk 1,2). Zwei der

Quellen, die Lukas hier voraussetzt, sind bekannt: das Markusevangelium und Q, obwohl er sie nie ausdrücklich nennt (s. o. S. 14 f).

Wie im Vorwort zum Lukasevangelium deutlich wird, beherrscht der Gedanke der Erfüllung der Schrift – gemeint sind die »Vorhersagen« des Alten Testaments – das lukanische Doppelwerk (also Evangelium und Apostelgeschichte). Theologisches Hauptanliegen des Lukas ist es demnach aufzuzeigen, daß die Weissagungen des Alten Testaments durch Jesu Wirken erfüllt sind. Schauplatz dieses Geschehens muß natürlich die »heilige Stadt« Jerusalem sein.

Auch im Auferstehungskapitel Lk 24 steht dieses Bemühen im Vordergrund. Zusätzlich scheint Lukas noch ein Interesse an der körperlichen Auferstehung Jesu gehabt zu haben, um verschiedentliche Behauptungen zu widerlegen, die Christen und ihren Glauben verunglimpften (s. u. S. 47 ff).

Das leere Grab und die Verkündigung der Auferstehung Jesu (Lk 24,1–12)

1: Aber am ersten Tag der Woche sehr früh kamen sie zum Grab und trugen bei sich Gewürze und Öle, die sie bereitet hatten.

2: Sie fanden aber den Stein weggewälzt von dem Grab

3: und gingen hinein und fanden den Leib des Herrn Jesus nicht.

4: Und als sie darüber bekümmert waren, siehe, da traten zu ihnen zwei Männer mit glänzenden Kleidern.

5: Sie aber erschraken und neigten ihr Angesicht zur Erde. Da sprachen die zu ihnen: Was sucht ihr den Lebenden bei den Toten?

6: Er ist nicht hier, er ist auferstanden. Gedenkt daran, wie er euch gesagt hat, als er noch in Galiläa war:

7: Der Menschensohn muß überantwortet werden in die Hände der Sünder und gekreuzigt werden und am dritten Tage auferstehen.

8: Und sie gedachten an seine Worte.

9: Und sie gingen wieder weg vom Grab und verkündigten das alles den elf Jüngern und den andern allen.

10: Es waren aber Maria von Magdala und Johanna und Maria, des Jakobus Mutter, und die andern mit ihnen; die sagten das den Aposteln.

11: Und es erschienen ihnen diese Worte, als wär's Geschwätz, und sie glaubten ihnen nicht.

12: Petrus aber stand auf und lief zum Grab und bückte sich hinein und sah nur die Leinentücher und ging davon und wunderte sich über das, was geschehen war.

Der lukanische Sinn der Erzählung und ihre Quellenlage lassen sich am besten durch einen Vergleich mit der Markus-Vorlage ermitteln. An folgenden Punkten weicht der Text, mit Ausnahme weniger Kleinigkeiten, von ihr ab:

1. Die Frauen sahen Jesu Grab (Lk 23,55) und bereiteten noch am Abend Gewürze und Salböl. Sie ruhten während des anschließenden Sabbat nach

dem Gebot (Lk 23,56). In der Markus-Vorlage sahen die Frauen nur (von ferne), wohin der Leichnam Jesu gelegt worden war (15,47). Sie kauften *nach* dem Sabbat Gewürze, um den Leichnam zu salben (Mk 16,1). *Lk 24,1* wird die Absicht, den Leichnam zu salben, nicht ausdrücklich erwähnt. »Da nach Lukas die Frauen ihre Spezereien schon am Begräbnistag bereitet haben, können sie noch früher zum Grabe eilen. Ihr frühestmögliches Kommen bezeugt die Größe ihrer Liebe und Verehrung.«[34]

2. Die Namen der Frauen werden von Lukas erst gegen Ende der Erzählung genannt (V. 10), von Markus bereits am Anfang (V. 1).[35] Die Namen von zwei Frauen stimmen überein: Maria Magdalena und Maria, die Mutter des Jakobus. Salome (Mk 16,1) findet sich nicht bei Lukas, sondern Johanna, die bereits Lk 8,3 als Frau des Chuza genannt worden war. Wahrscheinlich hat Lukas selbst sie deshalb hier wieder erwähnt. Zusätzlich nennt Lukas noch die übrigen Frauen, die Jesus begleitet hatten – auch hierbei denkt er wohl an Lk 8,2–3.

3. Die Frauen zeigen bei Lukas keine Sorge, wer ihnen den Stein wegrollen wird (anders Mk 16,3), finden aber genau wie im Markus-Bericht den Stein vom Grab weggewälzt und gehen hinein (Mk 16,4 / *Lk 24,2 f*).

4. Die anschließende Bemerkung: »Sie fanden den Leib des Herrn Jesus nicht«, hat keine Entsprechung bei Markus. Dort weist erst der Jüngling nach der Ausrichtung der Auferstehungsbotschaft auf das leere Grab. Diese andere Akzentsetzung weist zusammen mit der Beobachtung, daß in *Lk 24,3* ausdrücklich vom *Leib* Jesu (s. vorher Lk 23,55) die Rede ist, auf eine stärkere Betonung des leeren Grabes und der körperlichen Auferstehung.

5. Bei Lukas begegnen den Frauen zwei Männer (bei Markus ein Jüngling [16,5]) in glänzendem Gewand (*Lk 24,4*), die an die »zwei Männer in weißen Gewändern« aus der Himmelfahrtsszene Apg 1,10 erinnern (vgl. Lk 9,30.32).

6. Die Botschaft des Jünglings bei Markus (16,6) lautete: »Ihr sucht Jesus, den Nazarener, den Gekreuzigten. Er ist auferweckt worden, er ist nicht hier. Siehe da die Stätte, wo sie ihn hinlegten«. Daraus wird bei *Lk 24,5 b–6a*: »Was sucht ihr den Lebenden bei den Toten? Er ist nicht hier, er ist auferweckt worden.« Damit werden die Frauen getadelt – wie kommen sie überhaupt darauf, Jesus hier zu suchen!

7. *Lk 24,6 b–8* weicht *erheblich* von Mk 16,7 ab. Bei Markus (und ebenso Mt 28,7) werden die Frauen beauftragt, Jesu Jüngern und Petrus zu sagen, sie sollten *nach Galiläa gehen*; dort sähen sie Jesus, wie er es ihnen gesagt hatte. Demgegenüber verweisen die beiden Männer bei Lukas in lukanischer Sprache (z. B. »in die Hände *sündiger* Menschen« [V. 7]) die Frauen zurück auf die *früher an sie in Galiläa ergangene* Botschaft Jesu, daß der Menschensohn leiden und am dritten Tage auferstehen müsse (Lk 9,22; vgl. 9,44; 18,32 f). *Deshalb* der Tadel V. 6, denn diese Auferstehungsweissagung mußte ihnen doch geläufig sein. Sie zu vergessen oder nicht zu beachten bedeutete Nicht-Glauben.

8. Bei Markus schweigen die Frauen trotz ihres Auftrags, bei Lukas teilen sie, ohne daß ihnen dazu ein Auftrag gegeben werden mußte, den elf Jüngern (Judas zählte nicht mehr zum Zwölferkreis) und allen übrigen die Auferstehungsbotschaft mit (*V. 9*), stoßen aber auf Ungläubigkeit (*V. 11*). Damit wird die Rolle der Frauen als Verkündigerinnen der Osterbotschaft jedoch nicht heruntergespielt. Denn im Unterschied zum Markus-Bericht werden die Frauen *positiv* gezeichnet, und die *Apostel* (*V. 10f*), keinesfalls die *Frauen*, glauben nicht.

9. Von einem Grabbesuch des Petrus *Lk 24,12* weiß die Markus-Vorlage nichts. Hier ergibt sich eine Spannung zum weiteren Textverlauf: In Lk 24,24 ist die Rede davon, daß »einige« zum Grab gingen. Diese Spannungen lassen sich aus der Benutzung einer vorliegenden Tradition erklären, die Lukas hier einfügte. Daß er selbst die Übergänge schuf, wird aus der lukanischen Sprache in V. 12 deutlich: »aufstehen«, »sich wundern«, »das Geschehene«.[36]

Es stellt sich die Frage, woher Lukas (oder seine Quelle) die Nachricht von einem Grabbesuch des Petrus hatte? Eine Antwort bietet folgende Überlegung an: Lukas (bzw. seine Tradition) kannte die Überlieferung einer Erscheinung Jesu vor Petrus (vgl. Lk 24,34) und ebenso die Überlieferung vom Grabbesuch der Frauen. In Lk 24,12 ist beides miteinander kombiniert und dort angefügt, wo es hingehört, nämlich an den Schluß des Grabbesuches der Frauen. Der Gedanke des Verfassers könnte dann so ausgesehen haben: Wenn die Frauen berichteten, daß das Grab leer war, und wenn Jesus dem Kephas erschienen ist, dann dürfte er sich wohl selbst vom leeren Grab überzeugt haben, also mußte er dorthin gegangen sein. Als Urheber dieser Kombination kommt entweder Lukas selbst oder – wahrscheinlicher – eine von ihm benutzte Überlieferung in Frage.

Nun findet der Grabbesuch des Petrus eine Entsprechung in Joh 20,3–8. Entweder setzt diese Stelle eine Kenntnis von Lk 24,12 voraus, oder Lukas und Johannes benutzen eine ihnen beiden bekannte Tradition dieses Grabbesuches. Sicher ist wegen der auffallenden sprachlichen Gemeinsamkeiten jedenfalls, daß beide Textstellen miteinander zusammenhängen. In jedem Fall ist aber die Lk 24,12 erscheinende Tradition zunächst eine Weiterführung der Grabestradition von Mk 16,1–8 unter Verarbeitung der Tradition der Ersterscheinung vor Petrus. *Die Tradition hinter Lk 24,12 ist also eine spätere Bildung und daher für die Frage nach den »Auferstehungsereignissen« ohne historischen Wert.*

Die Begegnung mit den Emmausjüngern (Lk 24,13–35)

Die vorliegende Erzählung besteht aus vier Abschnitten:
V. 13–16: Einleitung: Zwei Jünger treffen Jesus auf dem Weg von Jerusalem nach Emmaus;

V. *17–27:* Weggespräch;
V. *28–31:* Mahlszene;
V. *32–35:* Rückkehr von Emmaus nach Jerusalem.

13: Und siehe, zwei von ihnen gingen an demselben Tage in ein Dorf, das war von Jerusalem etwa zwei Wegstunden entfernt; dessen Name ist Emmaus.

14: Und sie redeten miteinander von allen diesen Geschichten.

15: Und es geschah, als sie so redeten und sich miteinander besprachen, da nahte sich Jesus selbst und ging mit ihnen.

16: Aber ihre Augen wurden gehalten, daß sie ihn nicht erkannten.

17: Er sprach aber zu ihnen: Was sind das für Dinge, die ihr miteinander verhandelt unterwegs? Da blieben sie traurig stehen.

18: Und der eine, mit Namen Kleopas, antwortete und sprach zu ihm: Bist du der einzige unter den Fremden in Jerusalem, der nicht weiß, was in diesen Tagen dort geschehen ist?

19: Und er sprach zu ihnen: Was denn? Sie aber sprachen zu ihm: Das mit Jesus von Nazareth, der ein Prophet war, mächtig in Taten und Worten vor Gott und allem Volk;

20: wie ihn unsre Hohenpriester und Oberen zur Todesstrafe überantwortet und gekreuzigt haben.

21: Wir aber hofften, er sei es, der Israel erlösen werde. Und über das alles ist heute der dritte Tag, daß dies geschehen ist.

22: Auch haben uns erschreckt einige Frauen aus unserer Mitte, die sind früh bei dem Grab gewesen,

23: haben seinen Leib nicht gefunden, kommen und sagen, sie haben eine Erscheinung von Engeln gesehen, die sagen, er lebe.

24: Und einige von uns gingen hin zum Grab und fanden's so, wie die Frauen sagten; aber ihn sahen sie nicht.

25: Und er sprach zu ihnen: O ihr Toren, zu trägen Herzens, all dem zu glauben, was die Propheten geredet haben!

26: Mußte nicht Christus dies erleiden und in seine Herrlichkeit eingehen?

27: Und er fing an bei Mose und allen Propheten und legte ihnen aus, was in der ganzen Schrift von ihm gesagt war.

28: Und sie kamen nahe an das Dorf, wo sie hingingen. Und er stellte sich, als wollte er weitergehen.

29: Und sie nötigten ihn und sprachen: Bleibe bei uns; denn es will Abend werden, und der Tag hat sich geneigt. Und er ging hinein, bei ihnen zu bleiben.

30: Und es geschah, als er mit ihnen zu Tisch saß, nahm das Brot, dankte, brach's und gab's ihnen.

31: Da wurden ihre Augen geöffnet, und sie erkannten ihn. Und er verschwand vor ihnen.

32: Und sie sprachen untereinander: Brannte nicht unser Herz in uns, als er mit uns redete auf dem Wege und uns die Schrift öffnete?

33: Und sie standen auf zu derselben Stunde, kehrten zurück nach Jerusalem und fanden die Elf versammelt und die bei ihnen waren; *34:* die sprachen: Der Herr ist wahrhaftig auferstanden und Simon erschienen.

35: Und sie erzählten ihnen, was auf dem Wege geschehen war und wie er von ihnen erkannt wurde, als er das Brot brach.

A) Einleitung (Lk 24,13–16)

V. 13: »Und siehe« ist lukanische Einleitung (s. zuletzt 23,50); »von ihnen« verknüpft die Erzählung mit dem Vorherigen; »an demselben Tage« stammt von Lukas; bei ihm spielen alle Auferstehungsszenen an ein und demselben Tag.

V. 14: bezieht sich auf V. 9 zurück, wo die Frauen »das alles« berichteten, die Jünger ihnen nicht glaubten (V. 11) und Petrus trotzdem das Grab inspizierte.

V. 15: Auch die beiden Jünger, deren Namen noch nicht genannt werden, läßt das Berichtete nicht ruhig: sie diskutieren darüber (vgl. Lk 22,23 mit Apg 6,9). Daran knüpft das Nachfolgende an: Jesus kommt hinzu und wandert gemeinsam mit den beiden weiter.

V. 16: Ihre Augen wurden gehalten, damit sie ihn nicht gleich zu Beginn der Begegnung erkennen würden.

Damit ist die Einleitung abgeschlossen. Die »Lösung« wird darin bestehen, daß ihre Augen geöffnet werden (V. 31). Aber bis das geschehen kann, sollen die beiden und damit die Leser(innen) einen Erkenntnisprozeß durchmachen. Dieser beginnt mit dem Weggespräch in V. 17–27.

B) Weggespräch (Lk 24,17–27)

V. 17–19: Jesus beginnt – echt lukanisch (vgl. Apg 8,30; 9,4.10 u.ö.) – mit einer den Dialog eröffnenden Frage. Die Feststellung ihrer Traurigkeit wird betont durch das Zur-Ruhe-Kommen der äußeren Szene (sie bleiben stehen), was die Spannung steigert. In dem doppelten Wechsel einer Frage Jesu (V. 17) und einer mehr andeutenden, einen Tadel aussprechenden Gegenfrage eines Jüngers (Kleopas; V. 18), einer erneuten Nachfrage Jesu und einer ersten knappen Auskunft (V. 19) wird endlich deutlich: Es geht um Jesus selbst, der als »Prophet, mächtig in Taten und Worten vor Gott und allem Volk« bezeichnet wird.

V. 19 ist ganz von Lukas gestaltet. Das hier gebrauchte griechische Wort für »vor« benutzt im Neuen Testament nur er (Lk 1,6; 20,26; Apg 7,10; 8,32 [= Jes 53,7]). Das Volk bezeichnet Jesus häufig als »Prophet« (Lk 7,16;

9,8.19 und indirekt Lk 7,39). Doch ist zu fragen, warum hier auch die beiden *Jünger* Jesus einen Propheten nennen. Dies geschieht bei Lukas sonst nicht. Die Antwort liegt im Nicht-Erkennen der Jünger: Sie erkennen Jesus nicht und können damit gleichzeitig auch dessen Rolle als Messias und Gottessohn nicht begreifen. Mit der (rechten) Erkenntnis Jesu geht später auch die (rechte) Erkenntnis der Rolle Jesu einher (V. 26). V. 19 stellt also eine Spannung her (ebenso wie V. 18 vorher), die erst noch der Auflösung bedarf.

V. 20 beschreibt lukanisch den Tod Jesu: *Die Juden* haben Jesus gekreuzigt (vgl. Apg 7,51–53 und die Entlastung des Pilatus in der lukanischen Passionsgeschichte, der seine Hände in Unschuld wäscht).

V. 21 lenkt zur ursprünglichen, aber enttäuschten Hoffnung der Jünger zurück, daß Jesus Israel mit seiner Macht erlösen werde (vgl. Lk 1,68; 2,38; Apg 1,6). Damit gehen sie weiterhin von der Rolle Jesu als *jüdischem Messias* aus. Das christliche Bild des durch eigenes Leiden und Schwachheit jeden Menschen (nicht ein Volk!) erlösenden Messias kommt ihnen noch nicht in den Sinn. Doch ist zur Zeit des Lukas durch die Schaffung einer Heidenkirche (das Verdienst des Paulus!) diese rein jüdische Hoffnung längst überholt (s. das Ende der Apostelgeschichte).

Mit »dritter Tag« (s. u. S. 51 f) leitet Lukas zur zeitlichen Anordnung der Ostergeschichten zurück und faßt in *V. 22–24* das bisher Bekannte zusammen:

V. 22 knüpft an die vorher erzählte Geschichte vom Gang der Frauen zum Grabe an.

V. 23 wiederholt ihre Engelsvision und die Botschaft an sie, daß Jesus lebe.

V. 24 bezieht sich auf V. 12 zurück, wobei das Wort »einige« den Einzelbesuch des Petrus verallgemeinert.

V. 25 erweist den bisherigen Glauben der Jünger als unzureichend und leitet die neue (richtige) Erkenntnis der Rolle Jesu ein – zunächst durch einen Tadel Jesu (der Ähnlichkeit mit dem Tadel der Frauen in Lk 24,5–8 hat).

V. 26 kennzeichnet das Leiden des Christus als notwendig und schriftgemäß (V. 27; vgl. V. 25). Das entspricht ganz der lukanischen Vorstellung von der Heilsgeschichte (vgl. Lk 24,6b.44), deren Verlauf in allen ihren Momenten als sich notwendig vollziehend gedacht wird.[37] Lukas unterstreicht dabei besonders den paradoxen Befund, daß Leiden und Tod Jesu nicht etwa dessen Scheitern, sondern seinen Sieg bedeuten; der zur Herrlichkeit bestimmte Christus *mußte* leiden. Doch diese Vorstellung war für Juden undenkbar.

V. 27 spricht die allgemeine lukanische Überzeugung aus, daß in den Büchern des Mose und in den Propheten von Christus die Rede ist (vgl. Apg 8,35), belegt dies aber mit keinem einzigen Zitat.

C) Mahlszene (V. 28–31)

V.28: Das Ziel der Reise ist fast erreicht. Jesu Absicht weiterzugehen, steigert die Spannung. – Der Herr will gebeten werden; sein Bleiben ist (dann) aber auch gewiß. Jetzt, wo alles dem Höhepunkt zutreibt, daß nämlich die beiden Jünger Jesus erkennen, darf dieser doch nicht weiterwandern und entschwinden!

V.29: Die beiden Jünger bitten Jesus inständig zu bleiben (vgl. Apk 3,20). »Was in ihrem Munde formal als Einladung gemeint ist, gerät ihnen unversehens – so muß der Leser urteilen – zu einem Gebet an den Kyrios Jesus: ›Bleibe bei uns, denn es geht auf den Abend zu, und der Tag hat sich schon geneigt.‹ Diese feine Ironie ist theologisch durchaus sachgemäß; ihr entspricht das Verhalten des auferstandenen Jesus. Der Wanderer erfüllt den Jüngern die Bitte und geht mit ihnen in das Haus, ›um bei ihnen zu bleiben‹, wie es nicht ohne Hintergründigkeit heißt.«[38]

V.30: Jesus bricht beim gemeinsamen Mahl das Brot, segnet es und verteilt es an sie. Die vielen wörtlichen Anklänge von V. 30 an die Abendmahlsworte Lk 22,19 beweisen, daß Lukas hier an das Abendmahl denkt.

V.31: Ihre Augen werden geöffnet, und sie erkennen ihn – als Person und als »christlichen Messias«. Damit ist ihre »Blindheit« von V. 16 aufgehoben. Lukas will ausdrücken: Die Gemeinschaft Jesu wird im Abendmahl erfahren. Ist das klar, so ist alles gesagt: Jesus kann jetzt entschwinden – er wird dennoch immer da sein. Diese ausdrückliche Feststellung des Entschwindens von Erscheinenden ist typisch lukanisch: Lk 1,38; 2,15; 9,33; Apg 10,7; 12,10.

D) Rückkehr von Emmaus nach Jerusalem (V. 32–35)

V.32: Im Rückblick erkennen die Jünger, daß ihnen bereits das Herz brannte, als Jesus ihnen auf dem Weg die alten Prophezeiungen auslegte. Schon dort wurde in ihnen unbewußt das Verlangen nach Jesus als dem wahren Christus geweckt.

V.33: Jetzt können die beiden Emmausjünger zu den übrigen nach Jerusalem zurückkehren (ebenso wie es die Frauen in V. 9 getan haben).

V.34: Ehe die beiden ihre soeben gewonnene Erkenntnis mitteilen können, berichten ihnen die elf Jünger von einer Erscheinung Jesu vor Petrus. Damit wird ihnen die Pointe genommen. Lukas verschafft hier – wie an anderen Stellen (Apg 8,14ff; 11,1.22) – einer Jerusalemer Perspektive Raum. Für ihn stellt Jerusalem das Zentrum dar, und alles Geschehen muß von hier ausgehen. So korrigiert er seine Überlieferung an diesem Punkt und stellt die Ersterscheinung vor Petrus (in Jerusalem) fest.[39] Später wird Lukas in der Apostelgeschichte ja auch Petrus als Leiter der Urgemeinde zeichnen (vgl. Apg 2,14–40; 3,12–26) und die Jerusalemer Kirche als Ur-Gemeinde darstellen, von der die lukanische Gemeinde ein Abkömmling ist.

Lukas will damit sagen: Die Erfahrung der Gegenwart Jesu, die die beiden Emmausjünger und alle Glieder der lukanischen Gemeinde beim Abendmahl machen, wird durch das urchristliche Bekenntnis bestätigt; Jesus ist wahrhaftig auferstanden und dem Simon erschienen. Mit anderen Worten: auf diesem urchristlichen Glaubensbekenntnis ruhen alle anderen Ostererfahrungen.

V. 35 faßt das lukanische Verständnis noch einmal zusammen: Die beiden Jünger erzählen, was ihnen auf dem Weg widerfahren ist (darin ist eingeschlossen, daß und wie ihnen die Prophezeiungen erklärt wurden) und daß sie Jesus am Brechen des Brotes erkannten.

Das bisher Gesagte hat gezeigt, daß die Emmausgeschichte eine geschlossene Einheit darstellt, die an allen Stellen vom theologischen Konzept des Lukas durchdrungen ist. Obwohl sicher ist, daß Lukas mit vorgegebenem Material gearbeitet hat, stößt die Rekonstruktion der von ihm verwendeten Tradition auf große Schwierigkeiten.

Probeweise könnte man alle Bezugnahmen auf die eigentliche Emmausgeschichte abziehen, um zu sehen, ob sich so Grundzüge einer Tradition ergeben. Es bliebe dann eine Erzählung zurück, die Hermann Gunkel schon 1903 wie folgt beschrieb: »Christus erscheint hier unbekannt, als Wanderer – so wie es die Gottheit vor alters liebte, in schlichter menschlicher Gestalt, etwa als Wanderer verkleidet, unter den Menschen zu wandeln – und offenbart sein geheimnisvolles göttliches Wesen an einzelnen Zügen; aber sobald er erkannt wird, ist er verschwunden. Dieser Aufriss der Geschichte ist ganz analog *den ältesten Erzählungen vom Erscheinen der Gottheit;* die Geschichte könnte ihrem Stil nach in der Genesis stehen.«[40]

Setzt man eine solche Legende als älteste Schicht voraus, so könnte man von ihr die Abendmahlstradition in V. 28–31 unterscheiden, die in einer zweiten Stufe hinzugewachsen sein mag.

Am Ende der Analyse der Emmausgeschichte sei betont, daß eine rein historische Befragung nur magere Resultate zeitigt. So können wir aus der eigentlichen Emmausgeschichte fast gar nichts über das historisch Besondere lernen, wohl aber über den allgemeinen Charakter christlichen Glaubens.

Doch einige spärliche Schlüsse kann man bei aller Vorsicht doch ziehen: V. 34 betont die Erscheinung vor Simon (= Petrus = Kephas), die von Paulus in 1 Kor 15 als erste Erscheinung des Auferstandenen bezeichnet wird. Sie ist schon kurz nach Jesu Tod anzusetzen (ca. im Jahr 30). Wir kommen später (S. 80 ff) darauf zurück.

Einzelelemente der Erzählung sind zweifellos alt: So steht hinter dem Namen Kleopas (V. 18) womöglich der Vetter Jesu, Klopas[41], dessen Sohn Symeon im Jahre 62 Nachfolger des Jakobus in der Leitung der Urgemeinde wurde.[42] Dann hätten wir in dieser Geschichte die Erinnerung an eine Erscheinung Jesu vor einem seiner Verwandten, die in die älteste Zeit reichen dürfte. Der zweite Wanderer wird nicht namentlich benannt.

Auch der Ort Emmaus dürfte auf historisches Wissen zurückgehen. Wo dieser allerdings gelegen hat, ist völlig unsicher.

Jesu Erscheinung vor den (elf) Jüngern (Lk 24,36–53)

Der Abschnitt setzt sich aus drei Teilen zusammen:

V. 36–43: Erkenntnisszene (= *Erzählung*),
V. 44–49: Jüngerbelehrung (= *Rede Jesu*),
V. 50–53: Abschied (= *Erzählung*).

36: Als sie aber davon redeten, trat er selbst, Jesus, mitten unter sie und sprach zu ihnen: Friede sei mit euch!

37: Sie erschraken aber und fürchteten sich und meinten, sie sähen einen Geist.

38: Und er sprach zu ihnen: Was seid ihr so erschrocken, und warum kommen solche Gedanken in euer Herz?

39: Seht meine Hände und meine Füße, ich bin's selber. Faßt mich an und seht; denn ein Geist hat nicht Fleisch und Knochen, wie ihr seht, daß ich sie habe.

40: Und als er das gesagt hatte, zeigte er ihnen die Hände und Füße.

41: Als sie aber noch nicht glaubten vor Freude und sich verwunderten, sprach er zu ihnen: Habt ihr hier etwas zu essen?

42: Und sie legten ihm ein Stück gebratenen Fisch vor.

43: Und er nahm's und aß vor ihnen.

44: Er sprach aber zu ihnen: Das sind meine Worte, die ich zu euch gesagt habe, als ich noch bei euch war: Es muß alles erfüllt werden, was von mir geschrieben steht im Gesetz des Mose, in den Propheten und in den Psalmen.

45: Da öffnete er ihnen das Verständnis, so daß sie die Schrift verstanden,

46: und sprach zu ihnen: So steht's geschrieben, daß Christus leiden wird und auferstehen von den Toten am dritten Tage;

47: und daß gepredigt wird in seinem Namen Buße zur Vergebung der Sünden unter allen Völkern. Fangt an in Jerusalem,

48: und seid Zeugen dieser Dinge.

49: Und siehe, ich will auf euch herabsenden, was mein Vater verheißen hat. Ihr aber sollt in der Stadt bleiben, bis ihr ausgerüstet werdet mit Kraft aus der Höhe.

50: Er führte sie aber hinaus bis nach Betanien und hob die Hände auf und segnete sie.

51: Und es geschah, als er sie segnete, schied er von ihnen und fuhr auf gen Himmel.

52: Sie aber beteten ihn an und kehrten zurück nach Jerusalem mit großer Freude

53: und waren allezeit im Tempel und priesen Gott.

A) Erkenntnisszene (Lk 24,36–43)

V.36: »Als sie aber davon redeten« ist lukanische Verknüpfung des Folgenden mit der vorangehenden Szene; auch »er trat... mitten unter sie« ist sprachlich lukanisch.

V.37–38: »Sie erschraken aber und fürchteten sich«, »sehen« und »Geist« (vgl. sachlich ähnlich Apg 12,8 f) gehen auf Lukas zurück, ebenso »in euer Herz«.

V.39 liefert mit der Aufforderung Jesu an die Jünger, seine Hände und Füße anzuschauen, um seine Identität zu erkennen, eine *erste* Demonstration (ob die Jünger das getan haben, wird nicht gesagt, aber wohl vorausgesetzt); die Aufforderung, ihn zu betasten und zu sehen, ist die *zweite* Demonstration der Auferstehung Jesu. Damit wird die Befürchtung von V. 37 widerlegt, er wäre ein Geist: Der auferstandene Jesus besteht aus Fleisch und Blut. Offensichtlich richtet sich Lukas mit diesem Vers in ähnlicher Weise gegen Bestreitungen der körperlichen Auferstehung Jesu wie zu Beginn des zweiten Jahrhunderts Ignatius, An die Smyrnäer 3,2:

> »Ich aber weiß und glaube, daß er (sc. Jesus) auch nach der Auferstehung im Fleische ist. Und als er zu denen um Petrus kam, sagte er zu ihnen: ›Fasset, betastet mich und sehet, daß ich kein körperloser Dämon bin!‹ Und sofort faßten sie ihn an und wurden gläubig, eng verbunden mit seinem Fleisch und Geist.«

V.40 variiert und verstärkt V. 39. Er stammt wohl ganz von Lukas.

V.41–43: Die Einleitung »als sie aber« in V. 41 entspricht derjenigen von V. 36 und stammt von Lukas. Die Jünger sind von Jesus schon fast überzeugt worden. Die nun folgende *dritte* Demonstration soll jeglichen Zweifel beseitigen: Das Verzehren eines gebratenen Fisches (V. 42) beweist, daß er weder ein Geist noch ein Engel sein kann. Engel essen nicht (vgl. Tob 12,19), menschliche Wesen wohl. Die Beweiskraft dieser letzten Demonstration hält der Erzähler für so selbstverständlich, daß das Überzeugtsein der Jünger nicht eigens betont zu werden braucht. Daß der auferstandene Jesus mit seinen Jüngern zusammen aß, wird später auch in Apg 1,4; 10,41 erwähnt. Lukas will mit der Betonung der körperlichen Wirklichkeit des auferstandenen Jesus offenbar die Gewißheit seiner Leserschaft stärken.

Daß die gesamte Szene nicht allein von Lukas stammen kann, sondern einer Tradition folgt, zeigen *zum einen* die Spannungen zur vorangehenden Emmausgeschichte: die Jünger fürchten sich trotz der vorausgegangenen Begegnung Jesu mit den Emmausjüngern und mit Petrus. Hier hätte Lukas gewiß geschickter übergeleitet. *Zum anderen* belegt dies die parallele Überlieferung bei Ignatius, An die Smyrnäer 3,2 (s. die Erklärung zu V. 39).[43] Beide Texte dürften unabhängig voneinander entstanden sein. Denn der bei Ignatius zentrale Satz: »Ich bin kein körperloser Dämon« muß aus seiner Vorlage stammen. Bei Lukas findet er sich jedoch nicht!

Gleichzeitig ist damit wahrscheinlich gemacht, daß Lukas zur Bildung von Lk 24,36–43 tatsächlich auf eine bereits vorliegende Tradition zurückgreifen konnte. Diese bestand aus einer Erscheinungsgeschichte, in welcher der auferstandene Jesus seinen verängstigten Jüngern in körperlicher Gestalt erschien. Die zentrale Aussage ist die real-körperliche Gestalt Jesu nach der Auferstehung. Anlaß zur Bildung dieser Tradition war wohl eine Diskussion innerhalb einer Gemeinde über die Art der Körperlichkeit des Auferstandenen, wie wir sie in den johanneischen Gemeinden (vgl. Joh 20; 1 Joh) und ansatzweise auch bereits in der paulinischen Gemeinde von Korinth (1 Kor 15) finden. Es handelt sich demnach um eine spätere Bildung – wohl der zweiten Generation, die mit den eigentlichen Zeugen der Auferstehung Jesu keine Verbindung mehr hatte und selbst versuchte, dieses Rätsel zu lösen. Herausgekommen ist dabei eine gut durchdachte Komposition, die in einem steigernden Dreischritt den Jüngern die Körperlichkeit des Auferstandenen dokumentiert.

Es dürfte aus diesen Gründen klar geworden sein, daß eine Beziehung zu den eigentlichen Zeugen der »Auferstehung« Jesu nicht besteht. Der historische Ertrag ist gleich null. Dies gilt auch für den gesamten Abschnitt Lk 24,36–53, zumal gleich deutlich werden wird, daß die folgenden Verse durch und durch vom Aufriß des lukanischen Werkes und seiner Theologie bestimmt sind.

B) Jüngerbelehrung (Lk 24,44–49)
Der gesamte Abschnitt ist eine Komposition des Lukas, der hier, am Ende seines Evangeliums, noch einmal resümierend das Auferstehungsgeschehen zusammenfaßt und einen Ausblick auf die Zukunft, also seine eigene Gegenwart, gibt:

V.44: Jesus bezieht sich rückblickend auf seine Reden an die Jünger. Ihr Hauptinhalt wird durch den zweiten Versabschnitt näher erläutert: Wie schon zu seinen Lebzeiten verweist Jesus darauf, daß die alten Prophezeiungen erfüllt werden müssen.

V.45: Jesus läßt die Jünger den Sinn der alttestamentlichen Schriften erkennen, wie dies schon in der Emmausgeschichte (vgl. bes. V. 27) geschah. Dazu führt er im folgenden einen sogenannten »Schriftbeweis« an.

V.46 entspricht Lk 9,22, der Vorhersage Jesu, daß er leiden und am dritten Tage auferstehen werde.

V.47 richtet den Blick in die Zukunft und auf die Aufgabe der Jünger. Eine Teilaussage des Schriftbeweises ist, daß im Namen Jesu »Buße zur

Vergebung der Sünden unter allen Völkern«, angefangen mit Jerusalem, gepredigt werde (vgl. Apg 2,32f. 38; 3,15 f.19; 5,28–32; 10,39.43).

V.48 ist nicht mehr Teil des Schriftbeweises. Hier spricht Jesus in direkter Rede die Jünger als Zeugen »dieser Dinge« an, d. h. als Augenzeugen von Passion und Auferstehung (vgl. Apg 1,22).

V.49 entspricht Apg 1,4. Die geweissagte Herabsendung des Geistes wird später in Apg 2 erfüllt.

C) Abschied (Lk 24,50–53)
Der abschließende Himmelfahrtsbericht geht ebenfalls ganz auf Lukas zurück. Der Abschnitt hat eine Parallele in Apg 1,9–11, wo die Himmelfahrt am Ölberg (*V.* 12) ihren Ausgang nimmt, hier dagegen in Betanien (*V. 50*). Doch heißt das nicht zwangsläufig, daß beiden Szenen miteinander konkurrierende Traditionen zugrunde lägen. Lukas weiß aus Mk 11,1, daß »Ölberg« und »Betanien« geographisch nahe beieinander liegen bzw. als Ortsangabe identisch sind. Es kann sich hier also um eine Variante ein- und desselben Ortes handeln.

V.51: Zum Entschwinden Jesu vgl. die Bemerkungen zu Lk 24,31 (s. S. 44). Das abschließende »und fuhr auf gen Himmel« steht in Spannung zum Bericht der Apostelgeschichte, die in Apg 1,4ff ebenfalls eine Himmelfahrt Jesu berichtet. Wohl deshalb haben einige Handschriften diese Aussage hier ausgelassen, um zwischen Apg 1,9 und Lk 24,51 zu harmonisieren. Bedenkt man jedoch, daß die Apostelgeschichte wahrscheinlich erst ca. 10 Jahre nach dem Lukasevangelium geschrieben wurde (s. S. 14), so ist es sehr wohl erklärlich, daß Lukas bei der Abfassung dieses V. 51 noch nicht wußte, daß er später mit Apg 1,4–9 einen viel längeren Bericht würde verwenden können. Und daß er diesen dort nicht einfach ersatzlos auslassen wollte, ist auch verständlich.

V.52: »Zurückkehren« ist sprachlich lukanisch, »große Freude« nimmt dasselbe Motiv aus V.41 auf.

V.53: Die Gegenwart der Gemeinde im Tempel entspricht lukanischer Theologie: Schon der zwölfjährige Jesus hält sich im Tempel auf (Lk 2,46), ebenso die frühe Gemeinde (Apg 2,46; 3,1; 5,42), die sich zunächst noch als eine jüdische Gruppierung unter vielen verstand.

V. 53 ist ein kleines Summarium, das Entsprechungen im lukanischen Doppelwerk hat (Lk 1,65 f.80; 2,20.40. 51 f; Apg 1,14 usw.). Überhaupt wird man den letzten Satz dem Evangelisten zuschreiben, weil hier die Absicht des Autors am ehesten zu erwarten ist und man schon vermuten konnte, daß er sich das Schlußwort selbst vorbehielt.

Abgesehen von der Tatsache, daß die frühe Jerusalemer Urgemeinde sich tatsächlich noch für viele Jahre als Teil der jüdischen Tempelgemeinschaft verstand, können aus diesem Abschnitt keine historischen Schlüsse gezogen werden.

Bei der Darstellung der Ostergeschichten legt Matthäus generell den Markus-Bericht zugrunde und ergänzt diesen um zwei Erscheinungen des Auferstandenen (28,9f: vor den Frauen am Grab; 28,16–20: vor den elf Jüngern in Galiläa), weil der Schluß des Markusevangeliums (16,8) für ihn ebenso unbefriedigend war wie für Lukas. Zudem steuert er eine Episode von den Grabwächtern bei, welche die von Markus übernommene Erzählung vom Gang der Frauen zum leeren Grab rahmt, und schildert die Grabesöffnung (V. 2–4).

Die Bestechung der Grabeswachen (Mt 27,62–66; 28,11–15)

> *62:* Am nächsten Tag, der auf den Rüsttag folgt, kamen die Hohenpriester mit den Pharisäern zu Pilatus.
>
> *63:* und sprachen: Herr, wir haben daran gedacht, daß dieser Verführer sprach, als er noch lebte: Ich will nach drei Tagen auferstehen.
>
> *64:* Darum befiehl, daß man das Grab bewache bis zum dritten Tag, damit nicht seine Jünger kommen und ihn stehlen und zum Volk sagen: Er ist auferstanden von den Toten, und der letzte Betrug ärger wird als der erste.
>
> *65:* Pilatus sprach zu ihnen: Da habt ihr die Wache; geht hin und bewacht es, so gut ihr könnt.
>
> *66:* Sie gingen hin und sicherten das Grab mit der Wache und versiegelten den Stein.
>
> …
>
> *11:* Als sie (*die Frauen; Vf.*) aber hingingen, siehe, da kamen einige von der Wache in die Stadt und verkündeten den Hohenpriestern alles, was geschehen war.
>
> *12:* Und sie kamen mit den Ältesten zusammen, hielten Rat und gaben den Soldaten viel Geld
>
> *13:* und sprachen: Sagt, seine Jünger sind in der Nacht gekommen und haben ihn gestohlen, während wir schliefen.
>
> *14:* Und wenn es dem Statthalter zu Ohren kommt, wollen wir ihn beschwichtigen und dafür sorgen, daß ihr sicher seid.
>
> *15:* Sie nahmen das Geld und taten, wie sie angewiesen waren. Und so ist dies zum Gerede geworden bei den Juden bis auf den heutigen Tag.

V. 62: Der Vers leitet mit matthäischem Vokabular (z. B. »zusammenkommen«: 26,3.57; 27,17.27; 28,12) die Erzählung ein. Die Zeitangabe »am nächsten Morgen« führt »am Abend« aus V. 57 weiter. Die »Pharisäer« sind zur Zeit des Matthäus (ca. 85) Inbegriff für die Widersacher Jesu. Denn nach dem »Jüdischen Krieg« (66–70) waren die Auseinandersetzungen zwischen Christen und offiziellen Vertretern des Judentums schärfer geworden. – Auffälligerweise findet die Sitzung bei Pilatus am Sabbat (= Samstag) statt, was sich nicht aus historischen Gründen, sondern aus der Erzählnotwendigkeit ergibt. Der Tod Jesu am Freitag und die Auferstehung bzw. die Entdeckung des leeren Grabes am dritten Tag – also zwei Tage nach dem Tod und demnach am Tag nach dem Sabbat – waren ja aus der markinischen Tradition vorgegeben (vgl. Mk 16,1).

Die Hohenpriester und Pharisäer »erinnern« sich in V. 63 in ihrer Rede vor Pilatus ausdrücklich an ein Wort Jesu, daß er nach drei Tagen auferweckt werde. Damit ist offensichtlich nicht auf die Leidensvorhersagen verwiesen, wo Matthäus (16,21; 17,23; 20,19) gegen die Markus-Vorlage (8,31; 9,31; 10,34) jeweils »*nach* drei Tagen« in »*am* dritten Tag« (vgl. 1 Kor 15,4) ändert, sondern auf Mt 12,40: »Denn wie Jona drei Tage und drei Nächte im Bauch des Fisches war, so wird der Menschensohn drei Tage und drei Nächte im Schoß der Erde sein.« Dazu paßt, daß dort (Mt 12,38–45) ebenso wie hier in Mt 27,62–66 Pharisäer anwesend sind. Die vom sonstigen matthäischen Gebrauch abweichende Formulierung »nach drei Tagen« will hier offenbar an jene Stelle erinnern.

Ein wichtiger Einwand gegen den dritten Tag als Zeitpunkt der Erweckung Jesu dürfte die Galiläa-Tradition sein, falls sie ursprünglich ist (s. S. 70 ff und bes. 81 ff). Denn wenn die Erweckung am dritten Tage in Jerusalem erfolgte, kann die erste Erscheinung des Auferstandenen nicht noch am gleichen Tag in Galiläa geschehen sein (vgl. dazu S. 53 ff). Der Weg von Jerusalem nach Galiläa, den die Jünger hätten bewältigen müssen, wäre zu weit gewesen. Eine Möglichkeit, diese Folgerung abzuwenden, böte die Annahme, daß Erscheinungen *gleichzeitig* in Galiläa und Jerusalem erfolgten, unter ihnen die (Erst)erscheinung vor Maria Magdalena in Jerusalem am dritten Tag.

Ein noch anderes Verständnis ergibt sich aus folgender Beobachtung: Am dritten Tag geschah, versteht man 1 Kor 15,4 (»daß er auferstanden ist am dritten Tage nach den Schriften«) wörtlich, nur die Erweckung Jesu, aber nicht die Erscheinung vor Kephas, die undatiert bleibt (anders Lk 24,21). Dieser Befund gibt dazu Anlaß, den Ursprung des dritten Tages als Datum nicht in geschichtlichen Erinnerungen zu suchen, sondern in schriftgelehrtem Studium des Alten Testaments:

Als Bezugstelle der Wendung »nach den Schriften« (1 Kor 15,4) kommt vor allem Hos 6,2 in Frage. Die Stelle lautet in der Übersetzung der Septuaginta, der griechischsprachigen Ausgabe des Alten Testaments, wie folgt: Jahwe »wird uns gesund machen nach zwei Tagen, am dritten Tag werden wir auferstehen und vor ihm leben.« Im Judentum wurde offenbar diese Hoseastelle benutzt, um das Datum der Totenauferweckung am Ende der Welt zu erschließen. Dann wäre die Auferstehung Jesu als Erfüllung einer alttestamentlichen Weissagung verstanden worden.

Gegen eine Herleitung des dritten Tages aus Hos 6,2 könnte man einwenden, daß diese Stelle im Neuen Testament nirgends zitiert wird und daß sie in der rabbinischen Schriftauslegung erst relativ spät erscheint. Doch kann man daraus, daß etwas erst später *aufgeschrieben* wurde, nicht schließen, daß es auch erst spät *entstanden* ist. Vielmehr ist umgekehrt 1 Kor 15,4 ein möglicher Beleg für eine jüdisch-endzeitliche Deutung von Hos 6,2.

V. 64 enthält matthäische Sprache: »befiehl« nimmt »befahl« (27,58) auf; »Betrug« bezieht sich auf »Betrüger« in V. 63 zurück. V. 64c (»und der letzte Betrug ärger wird als der erste«) entspricht Mt 12,45 c: »und es wird mit diesem Menschen hernach ärger, als es vorher war«, d. h., läßt man die Jünger mit ihrer Auferstehungspredigt gewähren, dann wird die Sache noch übler, als sie mit Jesus schon war.

V. 65–66 erzählen, wie Pilatus der Bitte der jüdischen Oberen nachkommt.

Es folgt Mt 28,1–10, die Erzählung vom leeren Grab und der Erscheinung Jesu vor zwei Jüngerinnen (dazu unten S. 53 ff). Anschließend setzt Matthäus seine Berichterstattung über die Bestechung der Grabeswachen fort.

28,11: Durch »als sie (*die Frauen*) aber hingingen« werden V. 10 und 11 so verknüpft, daß nahegelegt wird, V. 9 f und V. 11–15 hätten sich zur gleichen Zeit ereignet. Doch stammt diese Verknüpfung von Matthäus, denn »hingehen« ist ein matthäisches Lieblingswort und wirkt hier künstlich.

Die (römischen!) Grabwächter selbst berichten den jüdischen Oberen von allem Geschehenen, d. h. faktisch von der Auferstehung Jesu. Diese wissen also davon, ebenso wie ihnen klar war, daß Jesus laut eigenem Zeugnis nach drei Tagen auferstehen werde (27,63).

V. 12: Die Bestechung der Grabwächter erinnert an die Bestechung des Judas (26,15).

V. 13 nimmt 27,64 auf. Wider besseres Wissen sollen die Soldaten das Gerücht verbreiten, die Jünger hätten den Leichnam gestohlen, während sie selbst schliefen. Genau dies war ja vorher die Befürchtung der jüdischen Oberen gewesen. Nun, da Jesus wirklich auferstanden ist, sollen die Soldaten das Gerücht vom »Diebstahl« in die Welt setzen und verbreiten.

V. 14 liefert die notwendige Ergänzung für das Tun der Soldaten: Sollte der Statthalter etwa davon hören, daß die Soldaten entgegen ihrer Pflicht geschlafen haben, so würden sich die jüdischen Oberen für die Soldaten bei Pilatus verwenden.

V. 15 schließt die Geschichte ab. Die römischen Soldaten tun, was die jüdischen Oberen von ihnen verlangen. Es folgt im zweiten Versabschnitt ein aktueller Ausblick auf die Gegenwart zur Zeit des Matthäus: »Und so ist dies zum Gerede geworden bei den Juden bis auf den heutigen Tag.«

Die Kunde vom Diebstahl des Leichnams Jesu durch die Jünger war bei den Juden zur Zeit des Matthäus offenbar allgemein verbreitet. Allerdings kann sie in genau dieser Form nicht weitererzählt worden sein, denn hier erkennen die Juden die Auferstehung Jesu ja förmlich an! Dies weist – ebenso wie die krasse Negativzeichnung der Juden – auf rein christliche Ausformung des Berichts hin.[44]

Daher ist die Entstehung der Geschichte folgendermaßen denkbar: Juden behaupteten den Diebstahl des Leichnams Jesu durch die Jünger. Die Christen reagierten *darauf* mit einer Geschichte von der Bestechung von Grabwächtern, wie sie bei Matthäus vorliegt – falls nicht die gesamte Szene von ihm selbst stammt. Aus diesen Überlegungen können folgende historische Urteile abgegeben werden:

a) Über den »Auferstehungszeitpunkt« läßt sich historisch keine Angabe machen. Der Zeitpunkt »am dritten Tage« wurde gewählt, um eine alttestamentliche Prophezeiung (Hos 6,2) zu erfüllen.

b) Das Gerücht von einem Diebstahl des Leichnams Jesu ist sicher historisch, nicht aber der Diebstahl selbst. Denn die Jünger(innen) wußten gar nicht, wo Jesus »begraben« worden war, und wären ferner wegen ihrer grenzenlosen Enttäuschung zu einem solchen Betrug nicht mehr in der Lage gewesen.

c) Die Überlieferung von der Bestechung der Grabwächter kann historisch nicht ernst genommen werden, weil sie zu deutlich parteiische Züge des Matthäus bzw. der matthäischen Tradition trägt. Mit dem Geständnis, am Grabe geschlafen zu haben, hätten sie sich überdies um Kopf und Kragen gebracht.

Das leere Grab und die Erscheinung vor den Frauen (Mt 28,1–10)

1: Als aber der Sabbat vorüber war und der erste Tag der Woche anbrach, kamen Maria von Magdala und die andere Maria, um nach dem Grab zu sehen.

2: Und siehe, es geschah ein großes Erdbeben. Denn der Engel des Herrn kam vom Himmel herab, trat hinzu und wälzte den Stein weg und setzte sich darauf.

3: Seine Gestalt war wie der Blitz und sein Gewand weiß wie der Schnee.

4: Die Wachen aber erschraken aus Furcht vor ihm und wurden, als wären sie tot.

5: Aber der Engel sprach zu den Frauen: Fürchtet euch nicht! Ich weiß, daß ihr Jesus, den Gekreuzigten, sucht.

6: Er ist nicht hier; er ist auferstanden, wie er gesagt hat. Kommt her und seht die Stätte, wo er gelegen hat;

7: und geht eilends hin und sagt seinen Jüngern, daß er auferstanden ist von den Toten. Und siehe, er wird vor euch hingehen nach Galiläa; dort werdet ihr ihn sehen. Siehe, ich habe es euch gesagt.

8: Und sie gingen eilends weg vom Grab mit Furcht und großer Freude und liefen, um es seinen Jüngern zu verkündigen.

9: Und siehe, da begegnete ihnen Jesus und sprach: Seid gegrüßt! Und sie traten zu ihm und umfaßten seine Füße und beteten ihn an.

10: Da sprach Jesus zu ihnen: Fürchtet euch nicht! Geht hin und verkündigt es meinen Brüdern, daß sie nach Galiläa gehen: dort werden sie mich sehen.

V. 1 ist ganz auf der Grundlage der markinischen Vorlage zu erklären. Wenn bei Matthäus nur zwei Frauen zum Grabe kommen (die mit denen von Mt 27,61 identisch sind), während es bei Markus noch drei waren, so hat Matthäus hier wohl die Spannung in den Namenslisten Mk 15,47 und 16,1 empfunden (s. o. S. 32) und entsprechend ausgeglichen.

Die bemerkenswerte – weil unnötige – Absicht der Frauen im Markus-Bericht, die Leiche im Grabe zu salben, und zwar erst jetzt, nach drei Tagen, entfällt bei Matthäus.

V. 2–4: Zwischen V. 2–4 und V. 5–8, wo abermals der Markus-Bericht zugrunde liegt, besteht eine Spannung: V. 2–4 beschreibt die *Graböffnung* durch einen Engel, angesichts dessen die Wächter in Ohnmacht fallen; in V. 5–8 wird die Auferstehungs*botschaft* durch denselben Engel an die Frauen ausgerichtet. Die gewaltigen Ereignisse von V. 2–4 stehen in keinem Verhältnis zur Ausrichtung der Botschaft in V. 5–8. Es darf vermutet werden, daß in den Versen 2–4 eine Tradition vorliegt, die erst von Matthäus selbst an diese Stelle gesetzt wurde. Indem Matthäus hier V. 2–4 einschiebt, werden die Frauen indirekt zu Zeuginnen des Auferstehungsvorgangs gemacht.

Die beschriebene Graböffnung durch einen Engel hat eine Parallele im Petrusevangelium (s. Anm. 17), von dem im Jahre 1886 ein längeres Fragment im Grab eines christlichen Mönches in Oberägypten entdeckt wurde.

Das Fragment (das Ganze ist im Ich-Stil geschrieben, Petrus ist der Sprecher) beginnt mit einer Szene vor Pilatus. Dort erfolgt die Bitte des Joseph von Arimathäa um den Leichnam Jesu, der im Petrusevangelium nur »der Herr« genannt wird (2,3–5), die Verspottung (3,6–9), Kreuzigung (4,10), Kreuzesinschrift (4,11), Kleiderverlosung (4,12), Fürsprache des mitgekreuzigten Verbrechers für den Herrn (4,13f), Finsternis (5,15), Tränkung mit Galle und Essig (5,16), letzter Aufschrei und Aufnahme des Herrn (5,19), Zerreißen des Tempelvorhangs (5,20), Kreuzesabnahme (6,21), Erdbeben (6,21), Ende der Finsternis (6,22), Begräbnis (6,23f), Reue der Juden (7,25), Verhalten des Petrus und der Jünger (7,26f), Aufstellen der Grabwache (8,28–33), Massenbesuch der Bewohner Jerusalems am Grab (9,34), Auferstehung (9,35–10,42), Bericht an Pilatus und Schweigebefehl an die Soldaten (11,43–49), die Frauen und das leere Grab (12,50–13,57), Rückkehr der Jünger in ihre Heimat (14,58f), Fischzug von Petrus, Andreas und Levi (14,60). Hier bricht das Fragment ab. Aufgrund der Parallelen in den kanonischen Evangelien kann man mit gutem Recht vermuten, daß sich eine Erscheinung des »Herrn« am See Tiberias anschloß (vgl. unten S. 70 ff).

Hier im Petrusevangelium wird nach der Öffnung des Grabes ausführlich das Heraustreten des wiederbelebten Leichnams Jesu geschildert. Es heißt dazu (9,35 – 11,43):

35: »In der Nacht aber, in welcher der Herrntag aufleuchtete, als die Soldaten, jede Ablösung zu zweit, Wache standen, erscholl eine laute Stimme im Himmel,

36: und sie sahen die Himmel geöffnet und zwei Männer in einem großen Lichtglanz von dort herniedersteigen und sich dem Grabe nähern.

37: Jener Stein, der vor den Eingang des Grabes gelegt war, geriet von selbst ins Rollen und wich zur Seite, und das Grab öffnete sich, und beide Jünglinge traten ein.

38: Als nun jene Soldaten dies sahen, weckten sie den Hauptmann und die Ältesten – auch diese waren nämlich bei der Wache zugegen.

39: Und während sie erzählten, was sie gesehen hatten, sehen sie wiederum drei Männer aus dem Grabe herauskommen und die zwei den einen stützen und ein Kreuz ihnen folgen

40: und das Haupt der zwei bis zum Himmel reichen, dasjenige des von ihnen an der Hand Geführten aber die Himmel überragen.

…

43: Jene erwogen nun miteinander, hinzugehen und dies dem Pilatus zu melden.«[45]

Eine ähnliche Überlieferung existiert auch in der Himmelfahrt des Jesaja aus der zweiten Hälfte des 2. Jahrhunderts (abgekürzt: AscIs). In einer summarischen Beschreibung des Schicksals Jesu (AscIs III,13 – 18) heißt es,

13: »daß er mit Übeltätern zusammen gekreuzigt werden sollte und daß er in einem Grabe begraben werden würde

14: und daß die Zwölf, die bei ihm waren, an ihm Anstoß nehmen würden, und die Bewachung durch die Wächter des Grabes;

15: und das Hinabsteigen des Engels der Kirche, die in den Himmeln ist, den er rufen wird in den letzten Tagen,

16: und daß der Engel des Heiligen Geistes und Michael, der Oberste der heiligen Engel, am dritten Tage sein Grab öffnen werden

17: und daß der Geliebte auf ihren Schultern sitzend hervortreten und seine zwölf Jünger aussenden wird

18: und daß sie alle Völker und alle Zungen die Auferstehung des Geliebten lehren werden und daß die, welche an sein Kreuz glauben, werden gerettet werden, und an seine Auffahrt in den siebenten Himmel, woher er gekommen ist.«[46]

Die Existenz solcher Auferstehungsbeschreibungen wirft die Frage auf, ob Matthäus diese oder ähnliche Erzählungen unbekannt waren. Das ist kaum anzunehmen. Vielmehr hat auch in der von ihm benutzten Tradition der Engel offenbar das Grab geöffnet, damit der wiederbelebte Jesus heraustreten konnte. Matthäus drängte diesen Aspekt jedoch zurück und verzichtete auf eine Beschreibung der Auferstehung Jesu (vgl. aber Mt 27,51−53).

In beiden Auferstehungsschilderungen sowie in der Mt 28,2 vorausgesetzten Tradition herrscht die Vorstellung, daß Engel am dritten Tage das Grab Jesu öffnen und mit dem wiederbelebten Jesus in den Himmel steigen. Es spricht vieles dafür, daß die Überlieferung am reinsten in der AscIs aufbewahrt wurde und daß Petrus- und Matthäusevangelium enger zusammengehören. Denn nur bei ihnen spielt die Wache eine selbständige Rolle; darin liegt aber schon eine Weiterentwicklung gegenüber der bloßen Erwähnung in AscIs. − Im Vergleich zur Grabestradition bei Markus ist die in der AscIs vorliegende Überlieferung jedoch jünger, denn hier verschmilzt bereits die Auferstehungsvorstellung mit der Legende vom leeren Grab. − Dies setzt eine (theologische) Reflexion voraus.

Damit können wir festhalten: *Obwohl im frühen Christentum neben Grabeserzählungen und Erscheinungsberichten zuweilen auch das Ereignis der Auferstehung selbst geschildert wird, sind diese Auferstehungsberichte doch kein Bestandteil der ältesten Überlieferung oder gar »Zeugenberichte«, sondern späte Bildungen, die das Bedürfnis nach dem »Wie« der Auferstehung Jesu zu befriedigen suchen. Sie sind daher ohne jeden historischen Wert.*

V. 5−8 folgt wiederum mit einigen Abweichungen dem vorgegebenen Markus-Bericht:

V. 5 ist parallel zu Mk 16,6a.

V. 6 entspricht Mk 16,6b, wobei die Auferstehungsaussage auf eine Voraussage Jesu zurückgeführt wird. Diese fehlt bei Markus, der erst ein wenig später (Mk 16,7) das zukünftige Sehen Jesu durch die Jünger auf eine Vorhersage Jesu zurückführt.

V. 7 hat eine Parallele in Mk 16,7. Freilich soll die Botschaft nur an die Jünger insgesamt ausgerichtet werden; Petrus wird nicht mehr eigens genannt, wie dies noch bei Markus der Fall war.

Auch der Inhalt der Engelsbotschaft hat sich verschoben: Lautete er bei Markus, daß Jesus den Jüngern nach Galiläa vorauszieht und sie ihn dort sehen werden, so ist hier bei Matthäus die Auferstehung Jesu selbst die Botschaft.

V. 8 erzählt, anders als bei Markus (16,8: die Frauen schweigen aus Furcht), daß die Frauen in Furcht (= Aufnahme der Markus-Vorlage) und großer Freude die Botschaft des Engels ausrichten wollen − sie glauben sofort. Das ist auch nicht verwunderlich, denn vorher (V. 2−4) sind sie ja *indirekt* zu Zeuginnen des Auferstehungsvorgangs gemacht worden. Damit ist die nächste Episode (V.9–10) gut vorbereitet, in der Jesus ihnen *direkt* erscheinen wird.

V.9–10 haben keine Parallele bei Markus. Die Verse schildern eine Begegnung Jesu mit den beiden in V.1 genannten Frauen, die seine Füße ergreifen (vgl. 2 Kön 4,27) und ihn anbeten (vgl. später V.17).[47] Jesus erteilt ihnen den Befehl, sich nicht zu fürchten und seinen Brüdern (vgl. Mt 18,15 f und bes. 23,8: »einer ist euer Meister; ihr aber seid alle Brüder«) auszurichten, nach Galiläa zu gehen, wo sie ihn sehen würden.

Manches scheint dafür zu sprechen, daß diese Verse nicht auf vormatthäische Traditionen zurückgehen. Denn der auferstandene Jesus sagt den Frauen außer dem Gruß nichts anderes als der Grabesengel auch schon in V.7. Es ist also eine bloße Wiederholung. Allerdings ist zu beachten, daß hier statt »Jünger« (V.7 f) »Brüder« steht: Dies drückt besonders die enge Verbundenheit zwischen Jesus und seinen Jüngern aus, die gemeinsam die Verzweiflung von Passion und Tod durchlitten haben. Mit der Auferstehung sind sie endgültig eingesetzt als »Brüder Jesu«. Rangunterschiede zwischen ihnen gibt es nicht; auch Petrus wird ja in Mt 28,7 nicht separat genannt – er hat keine Vorrangstellung mehr. Allerdings stehen die Jünger gegenüber Jesus in einem Schüler-Lehrer-Verhältnis (Mt 23,8.10) – trotz des brüderlichen Verhältnisses *untereinander*.

Doch stellt sich im Zusammenhang mit den Versen 9 und 10 eine weitaus simplere Frage: Wenn die Verse von Matthäus selbst stammen, warum hat er dann in so kurzem Abstand zweimal dasselbe geschrieben? So scheint eine andere Möglichkeit der Herkunft von Mt 28,9–10 einleuchtender zu sein: Die Verse sind – trotz der matthäischen Ausdrücke – als im Grunde unabhängiges Stück anzusehen, das gar nicht am Grabe Jesu haftet. Bekräftigt wird dies dadurch, daß C.H. Dodd für Mt 28,9–10, Mt 28,16–20 und Joh 20,19–21 einen parallelen Aufbau festgestellt hat.[48] Die vorausgesetzte Situation sei jeweils, daß die Anhänger Jesu ihres Herrn beraubt seien. Darauf folge seine Erscheinung (Mt 28,9.17; Joh 20,19), ein Gruß (Mt 28,9; Joh 20,19), sein Erkannt-Werden durch die Jünger (Mt 28,9.17; Joh 20,20) und ein Auftragswort (Mt 28,10.19; Joh 20,21 f). Dies läßt aber darauf schließen, daß Matthäus ein ihm bereits vorliegendes Überlieferungsstück verwendet hat.

Es bedeutet ferner, daß in der Vorlage für Mt 28,9–10 gar nicht notwendig Frauen gestanden haben müssen, sondern eher die Jünger oder eine andere Personengruppe. Erst Matthäus hätte hier alle ihm vorliegenden »Einzelteile« (V.1; 2–4; 5–8; 9–10) zusammengesetzt, um eine bessere Überleitung zwischen Grabeserzählung und abschließender Christuserscheinung zu schaffen. Als Empfänger der Erscheinung kamen in diesem Fall aber für Matthäus allein die Frauen in Frage, die aufgrund der bisherigen Erzählung als einzige anwesend waren (vgl. Mt 26,56; 27,55.61). So hätte Matthäus also die ursprünglich in diese Verse gehörenden »Jünger« durch die »Frauen« ersetzt.

Der Grund für ein Gestalten der Szene in gerade dieser Form wird der gewesen sein, mit »dem leeren Grab nicht nur eine Engelsbegegnung, sondern auch eine Begegnung mit dem Auferstandenen zu verbinden.«[49] Diese Entwicklung hin zu Erscheinungsberichten über den auferstandenen Jesus wurde zu einer *allgemeine Tendenz*: Gegenüber der Nachfrage von Außenstehenden und aufgrund eigener Überlegungen mußten Grabeserzählung und Erscheinungsberichte immer näher aneinandergerückt werden. Bei Joh 20,1–18 hat dies später zu einer breit und anschaulich ausgemalten Szene geführt, während im lukanischen Umfeld (ungefähr ein Jahrzehnt früher; s. S. 14) zur Tradition vom leeren Grab nur eine Engelserscheinung und noch keine eigentliche Erscheinungserzählung gehört zu haben scheint (dies belegt Lk 24,22–24).

In jedem Fall erweist sich, wenigstens auf der Grundlage von Mt 28,9 f, die Überlieferung einer Erscheinung vor Frauen (oder vor Maria Magdalena) am Grabe Jesu als unhistorisch. Wir werden unten sehen, ob dieses Urteil auch für Joh 20,14–18 gilt.

Mt 28,16–20: Erscheinung Jesu und Missionsbefehl

Matthäus berichtet an dieser Stelle von einer weiteren Erscheinung Jesu, die derjenigen von 28,9 f ähnelt (vgl. oben S. 57).

> *16:* Aber die elf Jünger gingen nach Galiläa auf den Berg, wohin Jesus sie beschieden hatte.
> *17:* Und als sie ihn sahen, beteten sie ihn an; einige aber zweifelten.
> *18:* Und Jesus trat herzu und sprach zu ihnen: Mir ist gegeben alle Gewalt im Himmel und auf Erden.
> *19:* Darum gehet hin und machet zu Jüngern alle Völker: Taufet sie auf den Namen des Vaters und des Sohnes und des heiligen Geistes
> *20:* und lehret sie halten alles, was ich euch befohlen habe. Und siehe, ich bin bei euch alle Tage bis ans Ende der Welt.

Allgemein fällt auf, daß der Bericht über Jesu Erscheinen recht knapp ausfällt. Dieses wird nur durch ein karges »als sie ihn sahen« ausgedrückt, wobei die Reaktion der elf Jünger identisch ist mit derjenigen der Frauen in Mt 28,9 (»sie beteten ihn an«). Nicht die Erscheinung selbst bildet das Zentrum der Szene, sondern die nachfolgenden Worte Jesu (V. 18–20).

V. 16 beschreibt die Ausführung des Befehls Jesu aus V. 10. Der »Berg« ist dabei ein bevorzugter Ort für Erscheinungen (vgl. 5,1; 15,29; 17,1). Matthäus selbst bildete den Vers als Einleitung für das Folgende.

V. 17: »sie beteten ihn an« nimmt dasselbe Verb aus V. 9 auf. »Zweifeln« erscheint im Neuen Testament nur noch in Mt 14,31 und dürfte neben dem oft von Matthäus verwendeten »niederfallen« (Mt 2,2; 4,9; 8,2 u.ö.) ebenfalls von diesem stammen.

Durch das Motiv des Zweifels (vgl. bes. unten S. 68 ff) werden Probleme von Christen der zweiten und dritten Generation angesprochen, die keinen direkten Zugang mehr zur ursprünglichen Ostererfahrung hatten und sich diese – wie wir heute ja auch – nicht ohne Schwierigkeiten vorstellen konnten. Sie erkennen ihre eigene Situation im Text wieder und werden geneigter, die Antwort Jesu auf diese sie bedrängende Frage anzunehmen.

V. 18: »hinzutreten« ist sprachlich typisch matthäisch (4,3; 8,19; 9,28 u.ö). Zu »er redete mit ihnen und sprach« finden sich zahlreiche matthäische Parallelen (vgl. nur 13,3; 14,27; 23,1). In V. 18 b ist die Vorstellung der Einsetzung des Menschensohnes zum Herrscher (vgl. Dan 7,14) auf Jesus übertragen. Die Wendung »im Himmel wie auf Erden« begegnet als ganze oder in Teilen mit Ausnahme von Mt 9,6 (= Mk 2,10) nur bei Matthäus selbst, aber nicht in seiner Markus-Vorlage: 6,10; 16,19; 18,18.

V. 19: »gehet hin« nimmt »sie gingen hin« (V. 16) auf. Zu dieser matthäischen Lieblingswendung vgl. 9,13; 10,7; 18,12; 21,6 u.ö. Auch andere Wörter dieses Verses stammen sicherlich von Matthäus selbst, so »darum« (3,8; 6,8 f; 6,31.34 u.ö.) und »zum Jünger machen« (13,52; 27,57).

Die »Völker« beziehen sich wohl allein auf die Heiden. Matthäus steht noch zu sehr in der jüdischen Tradition, als daß er die Juden unter dem im Judentum nur für Heiden reservierten Begriff »Völker« einordnen könnte. Israel als dem von den Pharisäern neu konstituierten Judentum gilt die scharfe Polemik des Matthäus (Kap. 23), zu den Völkern gehört es aber so gerade nicht.

V. 20 ist sprachlich voll mit matthäischen Ausdrücken: »halten«; »alle«; »befehlen«; »und siehe« (vgl. 28,9); »Ende der Welt«.

Matthäus beantwortet in diesem Endabschnitt seines Evangeliums die Frage nach dem Grund der Ostergewißheit und der Überwindung des Zweifels. Er weist auf die ausschließliche Autorität der Worte Jesu in der Gegenwart hin. Die Verkündigung ist zur Predigt über die Gebote der richtig verstandenen Thora, dem jüdischen Gesetz, geworden. An die Stelle der früheren Ostererscheinungen tritt jetzt in der matthäischen Gemeinde das in der Predigt und im Evangelium gegenwärtige Wort des erhöhten Christus, der mit dem irdischen Jesus immer identisch ist. Dabei verwendet Matthäus in den V. 18–20 eine ihm vorliegende Tradition. Hier werden drei Elemente sichtbar:

1. *V. 18 b:* Die Erhöhung Jesu und die ihm damit verliehene Macht (vgl. Mt 11,27; Joh 3,35; Phil 2, 9–11).

2. *V. 19–20 a:* Der Missionsauftrag. Vermutlich hat Matthäus durch die Aufforderung: »machet zu Jüngern« (vgl. 13,52; 27,57) einen in der Vorlage stehenden Befehl: »predigt das Evangelium« ersetzt, der sich vielleicht im nachträglich angehängten Markus-Schluß noch erhalten hat (Mk 16,15). Die Taufe »auf den Namen des Vaters und des Sohnes und des heiligen Geistes« fällt wegen seiner dreigliedrigen Form auf, denn in der Frühzeit wurde eingliedrig auf *Christus* (Gal 3,27) oder auf den *Namen Jesu* (1 Kor

1,13; Apg 8,16; 19,5; vgl. Did 9,5) getauft.[50] Wahrscheinlich handelt es sich hier um eine Taufformel liturgischen Charakters, die eine Entsprechung in Didache 7,1 (abgekürzt: Did; eine Kirchenordnung vom Anfang des 2)Jahrhunderts) hat, wo es heißt: »Tauft auf den Namen des Vaters und des Sohnes und des heiligen Geistes«.

3. *V.20b:* Jesu Verheißung seiner immerwährenden Präsenz bis zum Ende der Welt (vgl. Mt 18,20).

Es ist kaum zu entscheiden, ob die drei Glieder ursprünglich selbständig waren und von Matthäus an dieser Stelle zusammengestellt worden sind oder ob sie Matthäus schon als Einheit vorlag.

In diesem Zusammenhang muß noch auf folgendes hingewiesen werden: Eine Erscheinungstradition liegt in V. 18–20 eigentlich nicht mehr vor, obwohl Matthäus mit dem kargen »als sie sahen« andeutet, daß er eine Oster*geschichte* erzählen will. Vielmehr treffen wir hier auf Oster*theologie*, die das Erscheinungsgeschehen an den Rand drängt bzw. durch eine Rede des Auferstandenen ersetzt. Damit bleibt die Szene offen bis auf die Gegenwart hin. Es handelt sich also nicht mehr um eine Erscheinung, sondern um eine Einsetzung Jesu zum Herrn über Himmel und Erde, die hier unmittelbar mit der Auferstehung verbunden, ja sogar mit ihr identifiziert wird. Vielleicht sollte man daher den Vorgang besser eine Erscheinung des Inthronisierten nennen.

Das Vollmachtsmotiv als solches dient damit gerade nicht der Unterscheidung des Auferstandenen vom Irdischen, sondern vielmehr ihrer Verbindung. Neu ist die universale Vollmachtsausweitung des Auferstandenen und Irdischen über Himmel und Erde. Das Besondere des Textes ist daher nicht nur die Verbindung von Erscheinung und Sendung, sondern auch die von Erhöhung und Völkermission.

Der historische Ertrag ist äußerst schmal. Matthäus und / oder seine Tradition hat in der Schlußszene spätere theologische Folgerungen wie z. B. die »Völkermission« verdichtet. Von den Jüngern selbst sind diese so nie gezogen worden, wohl aber von Paulus und jüdisch-hellenistischen Christen. Gleichwohl waren und sind diese Schlußfolgerungen – das sei mit allem Nachdruck gesagt – in der Auferstehungserfahrung bereits unterschwellig enthalten (religiöse Sprache meint immer mehr, als sie sagt).

Zutreffend ist, daß Jesus (dem Petrus und) den Zwölfen[51] *erschienen ist (1 Kor 15,5), sie ihn also gesehen und aufgrund dieses Erlebnisses eine Gemeinde gebildet haben, die unter ihren jüdischen Volksgenossen die Auferstehung und Erhöhung Jesu als des Messias und / oder als des Menschensohnes verkündigten. Das ist der historische Kern der von Matthäus berichteten Szene. Daß dieses Sehen in Galiläa erfolgte, wie der Text ausführt, bleibt auf der Grundlage der vorliegenden Passage unsicher, da »Galiläa« von Matthäus aus Mk 16,7 erschlossen worden ist. Doch dürfte die Lokalisierung dieses erstmaligen »Sehens« in Galiläa aus allgemeinen Erwägungen heraus (s. u. 70ff und bes. 81ff) historisch zutreffend sein.*

Im Johannesevangelium findet sich im Vergleich zu Matthäus-, Markus- und Lukasevangelium (den sog. Synoptikern) die größte Anzahl von Ostergeschichten. Das kann einfach darauf zurückzuführen sein, daß das Evangelium zu einem späteren Zeitpunkt abgefaßt wurde, zu dem bereits eine größere Anzahl von Traditionen allgemein bekannt waren als in der Frühzeit. Doch weist dies gleichzeitig auf ein Problem hin: Haben die Traditionen eine lange Entwicklung durchlaufen, so wird es ungleich mühevoller, die ursprünglichen Überlieferungen und historischen Hintergründe herauszuarbeiten.

Der Grabbesuch der Jünger und die Erscheinung vor Maria (Joh 20,1–18)

1: Am ersten Tag der Woche kommt Maria von Magdala früh, als es noch finster war, zum Grab und sieht, daß der Stein vom Grab weg war.

2: Da läuft sie und kommt zu Simon Petrus und zu dem andern Jünger, den Jesus lieb hatte, und spricht zu ihnen: Sie haben den Herrn weggenommen aus dem Grab, und wir wissen nicht, wo sie ihn hingelegt haben.

3: Da ging Petrus und der andere Jünger hinaus, und sie kamen zum Grab.

4: Es liefen aber die zwei miteinander, und der andere Jünger lief voraus, schneller als Petrus, und kam zuerst zum Grab,

5: schaut hinein und sieht die Leinentücher liegen; er ging aber nicht hinein.

6: Da kam Simon Petrus ihm nach und ging in das Grab hinein und sieht die Leinentücher liegen,

7: aber das Schweißtuch, das Jesus um das Haupt gebunden war, nicht bei den Leinentüchern liegen, sondern daneben, zusammengewickelt an einem besonderen Ort.

8: Da ging auch der andere Jünger hinein, der zuerst zum Grab gekommen war, und sah und glaubte.

9: Denn sie verstanden die Schrift noch nicht, daß er von den Toten auferstehen müßte.

10: Da gingen die Jünger wieder heim.

11: Maria aber stand draußen vor dem Grab und weinte. Als sie nun weinte, schaute sie in das Grab

12: und sieht zwei Engel in weißen Gewändern sitzen, einen zu Häupten und den andern zu den Füßen, wo sie den Leichnam Jesu hingelegt hatten.

13: Und die sprachen zu ihr: Frau, was weinst du? Sie spricht zu ihnen: Sie haben meinen Herrn weggenommen, und ich weiß nicht, wo sie ihn hingelegt haben.

14: Und als sie das sagte, wandte sie sich um und sieht Jesus stehen und weiß nicht, daß es Jesus ist.

15: Spricht Jesus zu ihr: Frau, was weinst du? Wen suchst du? Sie meint, es sei der Gärtner, und spricht zu ihm: Herr, hast du ihn weggetragen, so sage mir, wo du ihn hingelegt hast; dann will ich ihn holen.

16: Spricht Jesus zu ihr: Maria! Da wandte sie sich um und spricht zu ihm auf hebräisch: Rabbuni!, das heißt: mein Gebieter!

17: Spricht Jesus zu ihr: Rühre mich nicht an! denn ich bin noch nicht aufgefahren zum Vater. Geh aber hin zu meinen Brüdern und sage ihnen: Ich fahre auf zu meinem Vater und zu eurem Vater, zu meinem Gott und zu eurem Gott.

18: Da kommt Maria von Magdala und verkündigt den Jüngern: Ich habe den Herrn gesehen, und das hat er zu mir gesagt.

A) Joh 20,1–2

V. 1 entspricht Markus 16,2.4a. Die Frage: »Wer wird uns den Stein vom Grab wälzen?« (Mk 16,3) kann fehlen, weil der Zweck des Kommens (das Salben von Jesu Leichnam) hier nicht angegeben ist. Die Konstruktion in V. 1 b hat große Ähnlichkeit mit der Parallele Lk 24,1 f. Maria Magdalena wird wie Mt 28,1 als Subjekt genannt. Bei allen Synoptikern gehen im Unterschied zu Johannes mehrere Frauen zum Grab (Mk 16,1: drei; Mt 28,1: zwei; Lk 24,1: mehr als drei; vgl. Lk 8,2 f und Lk 24,10). Das frühe Kommen Maria Magdalenas zum Grab ist Ausdruck ihrer Liebe, die überhaupt der Grund ihres Besuches sein dürfte. Der Leichnam Jesu ist ja bereits bestattet worden (Joh 19,40), so daß sie sich darum nicht mehr zu kümmern braucht.

V. 2 schildert, wie Maria – offenbar ohne zuvor in das Grab hineinzublicken – zu Petrus eilt. Der Vers löst das folgende, neue Zwischenspiel aus, den Wettlauf zwischen Petrus und dem Lieblingsjünger zum Grab, der in V. 3–10 entfaltet wird. Der Plural »wir wissen nicht« verlangt nicht notwendig, daß mehrere Frauen zum Grab gegangen sind (vgl. Joh 3,2; 14,5). Vielleicht sind aber stillschweigend mehrere Frauen anwesend gedacht, denn in V. 13 (vgl. V. 15) erscheint der Singular bei wörtlicher Wiederholung der Klage Maria Magdalenas.

B) Joh 20,3–10

Der Abschnitt hat eine enge Parallele in Lk 24,12 (s. o. S. 38 ff) und in Lk 24,24. Er ist eine Erzählung, deren Hauptmotiv »zweifellos die Rivalität der beiden Jünger und, damit verbunden, die Hervorhebung des Lieblingsjüngers«[52] ist. Der in *V. 3* genannte »andere Jünger« dürfte mit diesem identisch sein.

Bereits in Joh 13,23–25; 18,15–16; 19,26–27.35 fügt der Verfasser des Evangeliums diese Person in die Passionsgeschichte ein, die als Zeuge deren Authentizität verbürgen soll. Zugleich stellt sie den idealen Jesusnachfolger dar. In ihr wird in Abgrenzung zur allgemein anerkannten Stellung des Petrus die Nähe der johanneischen Gemeinde zu Jesus verkörpert, d.h. der andere Jünger wird zu einer unangreifbaren Autorität (vgl. Joh 14,6f). Dabei spiegelt sich die Konkurrenz zwischen der johanneischen und anderen christlichen Gemeinden offenbar im Wettlauf der beiden Jünger zum Grab wider. Der andere Jünger sieht *zuerst* die Tücher (V. 5), und V. 8 sagt ausdrücklich, daß er (im Gegensatz zu Petrus!) zum Glauben kam.

Dies steht freilich in Spannung zu V. 9: Nach diesem Vers hätte er ja noch ebenso unverständig sein müssen wie Petrus. Entweder ist V. 9 daher ein späterer Zusatz, oder der Vers gehörte ursprünglich zur Tradition, die ein Nicht-Glauben des Petrus (und seines Begleiters) aussagte (vgl. Lk 24,12: Petrus wundert sich über das Geschehene). Johannes selbst hätte dann V. 8 eingeschoben, ohne die Spannung zu V. 9 völlig auszugleichen.

Aufgrund seiner Liebe (bzw. der Liebe Jesu zu ihm) drängt der andere Jünger noch stärker als Petrus zu Jesus, wie er ja auch deshalb bis zuletzt am Kreuz ausharrt (vgl. Joh 19,26). In V. 7 belegen die zusammengelegten Tücher dabei die Unmöglichkeit eines Leichenraubes, denn dieser wäre in aller Eile erfolgt, und die Leinentücher hätten schwerlich sorgsam zusammengefaltet sein können. So wie die Legende von der Grabeswache (Mt 27,62–66; 28,11–15) den jüdischen Verleumdungen entgegentritt, so tut es nun in anderer Weise der Verfasser des vierten Evangeliums. Damit wird das leere Grab in johanneischem Verständnis zu einem vollwertigen Zeugnis für Jesu Auferstehung.

Da die beiden Jünger noch unverständig sind, können sie einfach nach Hause gehen, als wäre nichts geschehen (V. 10). Ein Weitererzählen ihrer Entdeckung kommt wegen des übernächsten Abschnitts, V. 19–23, nicht in Frage, in dem Jesus überraschend unter alle versammelten Jünger tritt. Erst dort kommen sie zum rechten Verständnis.

Der Abschnitt V. 3–10 geht auf eine Tradition zurück, die eine Nachricht von einem Gang Petri zum Grab enthält (er wiederholt quasi die Erfahrung der Frauen aus Mk 16,1–8, die eine Parallele in Lk 24,12 hat). Dieses Traditionsstück ist Grundlage der Komposition des Wettlaufs zwischen Petrus und dem Lieblingsjünger durch den Verfasser des Johannesevangeliums.

C) Joh 20,11–18
V. 11 nimmt den abgerissenen Faden von V. 2 wieder auf. Der Anschluß ist holprig: Nach V. 2 steht Maria gar nicht am Grab, und die beiden Jünger spielen für sie keine Rolle. Nun plötzlich befindet sie sich in »V. 11 ff am Grab, als hätte sich das V. 3–10 Erzählte nicht ereignet.«[53] »Sie schaute« (in das Grab) nimmt »schaut hinein« aus V. 5 auf. Maria Magdalena trauert

Jesus nach (vgl. Joh 16,20) und weint.[54] Sie hat noch nicht die Erkenntnis des »anderen« Jüngers gewonnen.

V. 12 hat eine Entsprechung in Mk 16,5. Im vorliegenden Text sind Engels- und Grabesmotiv üppiger ausgemalt. Die Zweizahl der Engel entspricht Lk 24,4, so daß eine Verbindung zwischen beiden Texten bestehen könnte.

V. 13: »Sie haben meinen Herrn weggenommen« nimmt die gleiche Wendung aus V. 2 auf.

V. 14: Zum Unverständnis vgl. Lk 24,16: »Aber ihre Augen wurden gehalten, daß sie ihn nicht erkannten« und Joh 21,4: »Die Jünger wußten nicht, daß es Jesus war«.

V. 15: Die Anrede Maria Magdalenas durch Jesus, »Frau, was weinst du?«, ist wörtlich identisch mit der Anrede durch die beiden Engel in V. 13. Die Antwort Marias ist von einem Mißverständnis geprägt (vgl. Joh 7,35; 8,22 – vgl. aber auch das vorläufige Unwissen Petri [13,7] und der Jünger [Joh 16,18]), zeigt aber auch ihre Liebe zu Jesus, für den sie noch im Tode sorgen will.

V. 16: »Sie wandte sich um« nimmt dasselbe Verb aus V. 14 auf. Der Vers schildert die Erkenntnisszene (vgl. Lk 24,30f), die durch die Namensnennung der Maria eingeleitet wird. Die Reaktion der Maria (»mein Gebieter«) überbietet noch die Anrede »Herr« aus V. 15, die dem »Gärtner« galt. Sie findet sich im Neuen Testament nur noch in Mk 10,51 und ist bedeutungsgleich mit der Anrede *Rabbi*, die im Johannesevangelium mit Bezug auf Jesus häufiger vorkommt als in den anderen Evangelien.

V. 17: »Rühre mich nicht an! denn ich bin noch nicht aufgefahren zum Vater!« zeigt, daß Maria noch einem möglichen Mißverständnis unterliegt. Der Befehl kann auf verschiedene Weise verstanden werden:

1. Eine Berührung hat nicht stattgefunden und soll auch nicht stattfinden (vielleicht *weil* der Herr noch nicht zum Vater aufgestiegen ist und eine Berührung ihn daran hindern könnte).

2. Eine Berührung findet statt, sie soll aber beendet werden (vielleicht weil Jesus die eigentliche *himmlische Körperlichkeit* noch nicht erhalten hat).

3. Die Worte haben eine übertragene Bedeutung, und die Frage des Berührens oder Nichtberührens bleibt offen, soweit der Auferstandene überhaupt berührbar ist.

Man kann eine oder mehrere dieser Möglichkeiten auch symbolisch verstehen, wie es z. B. Johannes Lindblom tut. Er übersetzt: »Klammere dich nicht an mich, denn zwar bin ich noch nicht aufgestiegen zum Vater, doch stehe ich im Begriff, zu ihm aufzusteigen...«[55] Das Bemühen Marias, sich an Jesus festzuhalten, steht dann als Symbol für die Angst der Jünger, sich von Jesus lösen zu müssen.

Die Bezeichnung der Adressaten des Auftrags als »meine Brüder« ist auffällig. Der Ausdruck »meine Brüder« erscheint im selben Zusammenhang einer Weisung des Auferstandenen Mt 28,10 und bezeichnet wohl

Mitglieder der christlichen Gemeinde (vgl. Mt 18,15 und 1 Joh 2,9–11 u.ö.; 3 Joh 3). Jedenfalls ist ein solcher Gebrauch im Johannesevangelium, abgesehen von 21,23, einzigartig.

Der Inhalt des Auftrags *V. 17c*, der sicher auf Johannes selbst zurückgeht, findet eine Entsprechung in Joh 16,28b: »Ich verlasse die Welt wieder und gehe zum Vater« (vgl. 16,5.10 u.ö.). Doch ist jetzt nicht mehr nur von Jesu Vater die Rede, sondern auch vom Vater der Jünger, vom Gott Jesu, der auch ihr Gott ist. Der Verfasser will sagen: Durch den Hingang Jesu wird sein Vater zum Vater der Seinen. »Der wahre Osterglaube ist also der, der dieses glaubt und so den Anstoß des Kreuzes verstehend besteht.«[56]

V. 18 erzählt die Ausführung des Befehls Jesu an Maria Magdalena. Sie teilt den Jüngern (als Jesu Brüdern) mit: »Ich habe den Herrn gesehen«, was eigentlich nicht zu dem Befehl Jesu paßt. Da der Satz formelhaft klingt und 1 Kor 9,1 (»Habe ich nicht unsern Herrn Jesus gesehen?«) entspricht, will Johannes mit ihm womöglich Maria Magdalena betont als Auferstehungszeugin legitimieren.

Die hier von Johannes verwendete Tradition war ursprünglich eine Erscheinungsgeschichte, die dieser erst mit der aus Markus bekannten Grabesgeschichte verknüpft und in die er V. 3–10 eingelegt hat. Ob Johannes dabei den markinischen Bericht direkt benutzt oder eine verwandte Tradition oder eine von Mk 16,1–8 beeinflußte Überlieferung verwendet hat, ist in diesem Fall gleichgültig. Dabei dürfte er die aus der Grabestradition vorgegebene Zahl von zwei Frauen auf eine reduziert haben: Jesus erscheint Maria Magdalena. Freilich erkennt sie ihn erst, als er sie mit ihrem eigenen Namen anredet, ebenso wie die Emmausjünger Jesus erst an seiner Geste des Brotbrechens erkennen.

Die Erzählung ist durchweg johanneisch gestaltet (vgl. V. 17 und die Entsprechung der Anrede Marias [V. 16] mit Joh 10,3), dürfte aber im Kern auf die unabhängige Tradition einer Erscheinung Jesu vor Maria Magdalena zurückgehen, die im Wortlaut nicht mehr rekonstruierbar ist. Die (hebräische!) Anrede Jesu als *Rabbuni* deutet dabei auf eine alte palästinische Entstehung, auch wenn unklar ist, ob sie an der Überlieferung einer Erscheinung Jesu vor Maria Magdalena haftet. Die kunstvolle *Form* der Erzählung spricht eher dafür, daß sie erst später so ausgeschmückt wurde, falls diese Form nicht überhaupt auf Johannes selbst zurückgeht. Aber wer wollte bestreiten, daß in dem Kern dieser Reden doch zumindest ein wesentlicher Teil der Botschaft Jesu enthalten ist bzw. aufbewahrt wurde?

Historisch sicher scheint zu sein, daß Maria Magdalena eine Erscheinung des auferstandenen Jesus empfangen hat. Es bleibt aber zu fragen, ob sich aus der Tatsache einer selbständigen Tradition dieser Erscheinung historisch schließen läßt, daß Maria *als erste* den Auferstandenen gesehen hat.

Nun war Maria Magdalena mit Sicherheit eine Nachfolgerin Jesu, ja dieser hat sie von sieben bösen Geistern geheilt (Lk 8,2). In der späteren Überlieferung seit Gregor dem Großen (um 600) wird Maria Magdalena mit Maria von Betanien (Lk 10,38–42; Joh 11,2f; 12,3 usw.) und der Sünderin in Lk 7,36–50 identifiziert, wobei ihre Besessenheit mit ihrem ehemaligen Lasterleben in Verbindung gebracht wird. Diese attraktive Gleichsetzung ist leider reine Spekulation und wird daher im folgenden nicht berücksichtigt. *Weiter kann aus ihrem Beinamen »Magdalena« (= aus Magdala, einem Ort an der Westseite des Sees Genezareth in Galiläa) und dem Haften ihrer Person an der Passionsüberlieferung historisch gefolgert werden, daß sie zusammen mit Jesus und anderen an dem schicksalsschweren Gang nach Jerusalem teilnahm. Trotzdem ist die Tradition einer Erscheinung Jesu vor Maria Magdalena offenbar erst relativ jungen Datums.*

Der Auferstandene vor den Jüngern (Joh 20,19–23)

19: Am Abend aber dieses ersten Tages der Woche, als die Jünger versammelt und die Türen verschlossen waren aus Furcht vor den Juden, kam Jesus und trat mitten unter sie und spricht zu ihnen: Friede sei mit euch!

20: Und als er das gesagt hatte, zeigte er ihnen die Hände und seine Seite. Da wurden die Jünger froh, daß sie den Herrn sahen.

21: Da sprach Jesus abermals zu ihnen: Friede sei mit euch! Wie mich der Vater gesandt hat, so sende ich euch.

22: Und als er das gesagt hatte, blies er sie an und spricht zu ihnen: Nehmt hin heiligen Geist!

23: Welchen ihr die Sünden erlaßt, denen sind sie erlassen; und welchen ihr sie behaltet, denen sind sie behalten.

V. 19: Die Zeitbestimmung bezieht sich zurück auf V. 1; war es dort früh am Morgen, so ist es jetzt der Abend desselben Tages (Sonntag). Im übrigen gibt es keine Verbindung zum vorher Erzählten. Weder auf die Botschaft der Maria (V. 13) noch auf die Jüngerszene am leeren Grab (V. 3–10) wird Bezug genommen. Das spricht für eine Traditionsgrundlage der vorliegende Szene, denn Johannes selbst hätte fließender übergeleitet.

»Aus Furcht vor den Juden«[57] erscheint wörtlich ebenso Joh 7,13; 19,38; vgl. 9,22. In der Parallelerzählung Lk 24,36–43 findet sich die Furcht in V. 37 als Reaktion auf die Erscheinung. Dies scheint der ursprüngliche Platz des »Furchtmotivs« gewesen zu sein. Dort entspricht die von Lukas stammende Formulierung »er trat mitten unter sie« (V. 36) fast wörtlich der Wendung im hier vorliegenden Vers. Sie dürfte aus der Benutzung des Lukasevangeliums durch Johannes zu erklären sein, besonders da die Formulierung »mitten unter« für Johannes ungebräuchlich ist.

Der anschließende Gruß (»und er spricht zu ihnen: Friede sei mit euch!«) geht wegen der wörtlichen Übereinstimmung mit Lk 24,36b ebenfalls auf Lukas zurück.

V. 20: Das demonstrative Zeigen seiner Hände und seiner Seite (= Aufnahme von Joh 19,34) ist auf den ersten Blick merkwürdig, ohne erkennbaren Anlaß, und ist wohl durch Lk 24,40 bedingt. Vielleicht soll damit noch einmal betont werden, »daß der Auferstandene und der Gekreuzigte Einer sind.«[58] Darüber hinaus bereitet der Vers die nächste Szene (V. 24 – 29) vor, und zwar insofern, als *die Jünger* Jesus nicht erst zu betasten brauchen, um zu glauben, *Thomas* es dann aber fordern wird (s. u. S. 68 ff).

V. 20b schildert die Reaktion der Jünger (»daß sie den Herrn sahen« entspricht »ich habe den Herrn gesehen« [V. 18]). Das Motiv der Jüngerfreude erinnert an Lk 24,41. Die Übereinstimmung ist wiederum aus der Benutzung des Lukasevangeliums durch Johannes zu erklären.

V. 21: Der nochmalige Friedensgruß stammt von Johannes. Dieser wiederholt den Gruß aus V. 19 und flicht die Sendung der Jünger ein (vgl. Joh 17,18). Die *Bildung* des Sendungswortes durch Johannes bedeutet jedoch nicht, »daß das Motiv der Sendung der Jünger durch Jesus als solches erst vom Evangelisten in den Bericht seiner Quelle eingetragen wurde«[59], denn besonders Gal 1,15 f legt die Vermutung nahe, daß der Typ eines Erscheinungsberichtes mit folgendem Sendungsauftrag Jesu relativ alt zu sein scheint. Dort folgert Paulus aus seiner Schau des Auferstandenen *direkt* seinen Missionsauftrag (»er offenbarte seinen Sohn in mir, damit ich ihn durchs Evangelium verkündigen sollte unter den Heiden«). Freilich ist die sprachliche Form des Auftrags nicht mehr zu rekonstruieren.

V. 22: Der Geistempfang durch Anhauchen hat Parallelen u. a. im Alten Testament (Gen 2,7; Ez 37,5 – 10.14; Sap 15,1). Für Johannes ist diese Vorstellung allerdings völlig untypisch: Für ihn *ist* Jesus gleichzeitig der personifizierte Geist (vgl. Joh 14,16; 16,7.13; vgl. 7,39). So überrascht seine Formulierung an dieser Stelle. Zudem fällt in der Wendung »nehmt hin heiligen Geist« der fehlende Artikel auf – eine Wendung, die im Johannesevangelium einzigartig dasteht, aber eine Entsprechung in Apg 2,4 hat.

V. 23: Die Vorstellung von der »Vergebung der Sünden« ist dem vierten Evangelium sonst unbekannt und dürfte ebenso wie der vorige Vers auf Tradition zurückgehen. Nächste Parallelen zu der in diesem Vers ausgesprochenen Vollmacht sind Mt 16,18 f und 18,18 sowie Lk 24,47 (diese Stelle ist hier benutzt worden).

Allgemein gilt, daß die von Johannes benutzte Überlieferung Lk 24,36 – 49 voraussetzt. Die mutmaßliche Vorlage enthielt einen nicht datierten Bericht über das plötzliche Erscheinen Jesu unter seinen Jüngern. Die Jünger erschraken. Jesus bot ihnen (vielleicht als Reaktion auf ihren Zweifel) an, ihn anzufassen und verlieh ihnen mit einer archaischen Geste des Anhauchens den Geist, sandte sie (in die Welt?) und sprach ihnen gleichzeitig die Vollmacht der Sündenvergebung zu.

Man wird schon wegen der Abhängigkeit vom Lukas-Bericht ausschließen können, daß die Tradition aus dem Bericht eines Augenzeugen stammt.

Trotzdem wirkt sie alt und in Teilen »echt«. Das betrifft das Zusammenfallen von »Sehen« und »Gesandt-Werden« sowie »Sehen« und »Erfüllt-Werden« mit heiligem Geist. Dieses auch im »Original«bericht des Paulus erkennbare Geschehen bildet den historischen Kern der Tradition von Joh 20,19–23. Wäre es daher zu weit gegriffen, hier (zusammen mit Lk 24,36–43) die Erscheinung vor den Zwölfen reflektiert zu sehen?

Nachträglich hinzugewachsen und unhistorisch ist freilich die Körperlichkeit Jesu (V. 20). Das ursprüngliche Sehen der Osterzeugen war ein Sehen im Geist und nicht das Sehen eines wiederbelebten Leichnams.

Thomas, der Zweifler (Joh 20,24–29)

Die Erzählung hat keine Parallele unter den Ostergeschichten. Thomas ist sonst nicht als Osterzeuge bekannt. Zudem ist seine Sturheit einzigartig (vgl. V. 25 b).

24: Thomas aber, der Zwilling genannt wird, einer der Zwölf, war nicht bei ihnen, als Jesus kam.

25: Da sagten die andern Jünger zu ihm: Wir haben den Herrn gesehen. Er aber sprach zu ihnen: Wenn ich nicht in seinen Händen die Nägelmale sehe und meinen Finger in die Nägelmale lege und meine Hand in seine Seite lege, kann ich's nicht glauben.

26: Und nach acht Tagen waren seine Jünger abermals drinnen versammelt, und Thomas war bei ihnen. Kommt Jesus, als die Türen verschlossen waren, und tritt mitten unter sie und spricht: Friede sei mit euch!

27: Danach spricht er zu Thomas: Reiche deinen Finger her und sieh meine Hände und reiche deine Hand her und lege sie in meine Seite, und sei nicht ungläubig, sondern gläubig!

28: Thomas antwortete und sprach zu ihm: Mein Herr und mein Gott.

29: Spricht Jesus zu ihm: Weil du mich gesehen hast, Thomas, darum glaubst du. Selig sind, die nicht sehen und doch glauben!

Zu der vorangehenden Erzählung steht die vorliegende Geschichte in Spannung, denn nach V. 21–23 erhalten außer Judas *alle* Jünger, zu denen Thomas als einer der Zwölf gehört haben muß, die Vollmacht zur Sündenvergebung.

V. 24 begründet, warum sich die Erscheinung vor Thomas überhaupt noch ereignet bzw. ereignen mußte: Er war nicht dabei, als das gerade (V. 19–23) beschriebene Kommen Jesu stattfand. Thomas erscheint im Neuen Testament außer in den vier Jüngerlisten (Mk 3,18; Mt 10,3; Lk 6,15; Apg 1,13) nur im Johannesevangelium (11,16; 14,5; 20,24; 21,2). Er tritt hier als typischer Vertreter des Zweifels auf (vgl. Mt 28,17; Mk 16,11) 13.14; Lk 24,11.25.38.41).

V. 25: »Wir haben gesehen« nimmt »(sie) sahen« aus V. 20 und »und ich habe gesehen« aus V. 18 auf. Der zweite Versabschnitt schildert einen krassen Materialismus als Bedingung des Glaubens des Thomas. Die Forderung, die Hand in die Seite Jesu zu legen, bezieht sich auf Joh 19,34a zurück. Eine Verwendung von Nägeln bei der Kreuzigung Jesu findet sich nur noch PetrEv 6,21 und resultiert wohl aus der griechischen Übersetzung von Ps 21,17, wo es heißt: »Sie durchbohrten meine Hände und Füße.«

V. 26: Durch die Zeitangabe »nach acht Tagen« wird die erneute Zusammenkunft der Jünger – wie schon die erste – auf einen Sonntag gelegt. V. 26b wiederholt genau V. 19b: Jesus kommt zu seinen Jüngern, obwohl die Türen verschlossen sind, und grüßt sie.

V. 27 nimmt V. 20 auf und entspricht exakt dem Wunsch des Thomas aus V. 25f. Zur Betastung als Mittel, sich von der Realität des Leibes Jesu und der Identität seiner Persönlichkeit zu überzeugen, vgl. Lk 24,39–43. Doch weist die anschließende Aufforderung (»und sei nicht ungläubig, sondern gläubig!«) darauf hin, was wirklich zählt.

V. 28: Thomas geht auf das Angebot Jesu nicht ein. Er ruft aus: »Mein Herr und mein Gott!« (vgl. Joh 10,30) und kommt mit diesem Bekenntnis zum Glauben. Mit ihm ist auch die Leserschaft angesprochen, die darin ebenso wie in den Bekenntnissen des Simon (Joh 6,68f) oder der Martha (Joh 11,27) ein Vorbild für den eigenen Glauben sehen soll. Eines Berührens bedarf es nicht mehr, denn das Wort Jesu allein schafft Glauben.

V. 29 spricht in vorwurfsvollem Ton auch nur von einem Sehen (und nicht von einem Berühren) des Thomas und formuliert in einer Seligpreisung (im Johannesevangelium sonst nur noch Joh 13,17) allgemeingültig: Es kommt nicht auf das Sehen, sondern auf das Glauben an. Das ist nicht weit entfernt von Mt 28,16–20, wo »die Botschaft des Auferstandenen und der Gehorsam gegenüber diesem Wort der Weg zur Überwindung des Zweifels« war.[60]

Der dem Thomas geltende Vorwurf trifft offenbar alle anderen Jünger genauso, denn Thomas hat keinen anderen Beweis verlangt, als Jesus den übrigen freiwillig angeboten hat. So ist »der Zweifel des Thomas repräsentativ für die durchschnittliche Haltung der Menschen, die nicht glauben können, ohne Wunder zu sehen (4,48).«[61]

Die Thomaserzählung repräsentiert ein Spätstadium der frühchristlichen Ostergeschichten. Eine enge Beziehung zu den ursprünglichen Osterereignissen hat sie nicht. Anscheinend soll sie der gnostischen Überzeugung entgegenwirken, Jesus sei »nur« ein *göttliches* Wesen – kein Mensch – in einem Scheinleib ohne Fleisch und Blut gewesen (vgl. ähnliche Tendenzen in den johanneischen Briefen: 1 Joh 1,1; 4,1f; 2 Joh 7 und auch Lk 24,39–43). Diese Behauptung wird durch das »handfeste« Berührungsangebot Jesu widerlegt.

Man wird die Erzählung wegen ihres Rückbezuges auf Joh 20,19–23 am ehesten für eine eigene Bildung des Johannes halten, der mit ihr das verbreitete Zweifelsmotiv konkretisierte und bildlich darstellte. Dafür spricht auch die Ähnlichkeit im Aufbaus des Thomasberichts mit Joh 1,45–51[62], ferner der Befund, daß im Johannesevangelium häufig Einzelpersonen eine besondere Rolle zugewiesen bekommen (Nikodemus [Joh 3,1–9], Maria und Martha [Joh 11,1ff], Philippus und Nathanael [Joh 1,43–51], die Sychariterin [Joh 4,7ff]). Daher können wir mit Anton Dauer folgendes Fazit ziehen:

»An der Gestalt des Thomas hat der Evangelist das Motiv des Jüngerunglaubens, seiner Überwindung durch die Begegnung mit dem Auferstandenen und die Behandlung der problematischen Frage nach dem Wert eines solchen Glaubens aufgehängt«. [63] *Dabei trägt er das Motiv des Zweifels, das er aus Joh 20,19–23 offenbar entfernt hatte, in der vorliegenden Geschichte nach. Diese Begebenheit zwischen dem auferstandenen Jesus und Thomas ist unhistorisch.*

Der Auferstandene am See Tiberias (Joh 21)

1: Danach offenbarte sich Jesus abermals den Jüngern am See Tiberias. Er offenbarte sich aber so:

2: Es waren beieinander Simon Petrus und Thomas, der Zwilling genannt wird, und Nathanael aus Kana in Galiläa und die Söhne des Zebedäus und zwei andere seiner Jünger.

3: Spricht Simon Petrus zu ihnen: Ich will fischen gehen. Sie sprechen zu ihm: So wollen wir mit dir gehen. Sie gingen hinaus und stiegen in das Boot, und in dieser Nacht fingen sie nichts.

4: Als es aber schon Morgen war, stand Jesus am Ufer, aber die Jünger wußten nicht, daß es Jesus war.

5: Spricht Jesus zu ihnen: Kinder, habt ihr keine Speise? Sie antworteten ihm: Nein.

6: Er aber sprach zu ihnen: Werft das Netz aus zur Rechten des Bootes, so werdet ihr finden. Da warfen sie es aus und konnten's nicht mehr ziehen wegen der Menge der Fische.

7: Da spricht der Jünger, den Jesus lieb hatte, zu Petrus: Es ist der Herr! Als Simon Petrus hörte, daß es der Herr war, gürtete er sich das Obergewand um, denn er war nackt, und warf sich ins Wasser.

8: Die andern Jünger aber kamen mit dem Boot, denn sie waren nicht fern vom Land, nur etwa zweihundert Ellen, und zogen das Netz mit den Fischen.

9: Als sie nun ans Land stiegen, sahen sie ein Kohlenfeuer und Fische darauf und Brot.

10: Spricht Jesus zu ihnen: Bringt von den Fischen, die ihr jetzt gefangen habt!

11: Simon Petrus stieg hinein und zog das Netz an Land, voll großer Fische, hundertdreiundfünfzig. Und obwohl es so viele waren, zerriß doch das Netz nicht.

12: Spricht Jesus zu ihnen: Kommt und haltet das Mahl! Niemand aber unter den Jüngern wagte, ihn zu fragen: Wer bist du? Denn sie wußten, daß es der Herr war.

13: Da kommt Jesus und nimmt das Brot und gibt's ihnen, desgleichen auch die Fische.

14: Das ist nun das dritte Mal, daß Jesus den Jüngern offenbart wurde, nachdem er von den Toten auferstanden war.

15: Als sie nun Mahl gehalten hatten, spricht Jesus zu Simon Petrus: Simon, Sohn des Johannes, hast du mich lieber, als mich diese haben? Er spricht zu ihm: Ja, Herr, du weißt, daß ich dich lieb habe. Spricht Jesus zu ihm: Weide meine Lämmer!

16: Spricht er zum zweiten Mal zu ihm: Simon, Sohn des Johannes, hast du mich lieb? Er spricht zu ihm: Ja, Herr, du weißt, daß ich dich lieb habe. Spricht Jesus zu ihm: Weide meine Schafe!

17: Spricht er zum dritten Mal zu ihm: Simon, Sohn des Johannes, hast du mich lieb? Petrus wurde traurig, weil er zum dritten Mal zu ihm sagte: Hast du mich lieb?, und sprach zu ihm: Herr, du weißt alle Dinge, du weißt, daß ich dich lieb habe. Spricht Jesus zu ihm: Weide meine Schafe!

18: Wahrlich, wahrlich, ich sage dir: Als du jünger warst, gürtetest du dich selbst und gingst, wo du hin wolltest; wenn du aber alt wirst, wirst du deine Hände ausstrecken, und ein anderer wird dich gürten und führen, wo du nicht hin willst.

19: Das sagte er aber, um anzuzeigen, mit welchem Tod er Gott preisen würde. Und als er das gesagt hatte, spricht er zu ihm: Folge mir nach!

20: Petrus aber wandte sich um und sah den Jünger folgen, den Jesus lieb hatte, der auch beim Abendessen an seiner Brust gelegen und gesagt hatte: Herr, wer ist's, der dich verrät?

21: Als Petrus diesen sah, spricht er zu Jesus: Herr, was wird aber mit diesem?

22: Jesus spricht zu ihm: Wenn ich will, daß er bleibt, bis ich komme, was geht es dich an? Folge du mir nach!

23: Da kam unter den Brüdern die Rede auf: Dieser Jünger stirbt nicht. Aber Jesus hatte nicht zu ihm gesagt: Er stirbt nicht, sondern: Wenn ich will, daß er bleibt, bis ich komme, was geht es dich an?

24: Dies ist der Jünger, der dies alles bezeugt und aufgeschrieben hat, und wir wissen, daß sein Zeugnis wahr ist.

25: Es sind noch viele andere Dinge, die Jesus getan hat. Wenn aber eins nach dem andern aufgeschrieben werden sollte, so würde, meine ich, die Welt die Bücher nicht fassen, die zu schreiben wären.

Das Kapitel ist nachträglich an Joh 20 angehängt worden, wie aus folgenden Gründen deutlich hervorgeht:

1. 20,30 f ist ausdrücklich ein Buchschluß.

2. 21,24 f führen den Lieblingsjünger als Verfasser des ganzen Evangeliums ein. Demgegenüber finden sich Kap. 1–20 keinerlei Hinweise auf diesen Verfasser.

3. Joh 21 hat z. T. eine andere Sprache als Joh 1–20. Vgl. bes. »*Kinder*« (V.5) als Anrede an die Jünger und »*Brüder*« (V.23) als Bezeichnung der Christen.[64]

Dieser Befund bedeutet freilich noch keine Vorentscheidung bezüglich des Alters der in Joh 21 enthaltenen Traditionen. Allerdings ist nun als Verfasser derjenige anzunehmen, der Joh 21 *hinzu*komponiert hat. Dieser ist ja nicht notwendig identisch mit dem Verfasser von Joh 1–20.

A) Die Erscheinung Jesu am See von Tiberias (Joh 21,1–14)

V. 1 entspricht *V. 14* und stammt vom Verfasser dieses Kapitels (»er offenbarte sich« [2x] in V. 1 bereitet »offenbart wurde« in V. 14 vor). In beiden Versen ist Joh 20 vorausgesetzt. »Das dritte Mal« (V. 14) bezeichnet nämlich die Joh 21,2–13 erzählte Erscheinung als die dritte. Dann wäre 20,19–23 die erste und 20,26–29 die zweite Erscheinung vor den Jüngern. Die Erscheinung vor Maria Magdalena (20,11–18) wird dabei offensichtlich nicht mitgezählt, da es keine Erscheinung vor Jüngern war.

V. 2 beginnt mit einer Aufzählung der beteiligten Personen: »Simon Petrus« bezieht sich auf 20,2 zurück, »Thomas, der Zwilling genannt wird« auf 20,24. Zu Nathanael vgl. Joh 1,45–49. Die zusätzliche Erwähnung der Söhne des Zebedäus dürfte auf ältere Tradition zurückgehen, da sie sonst im Johannesevangelium nicht genannt werden. Demgegenüber sind die zwei nicht näher bezeichneten anderen Jünger wegen des Rückbezugs von »seiner Jünger« auf V. 1 nicht traditionell. Insgesamt ergibt sich dadurch eine Siebenzahl mit symbolischem Wert. Sie steht für die künftige Kirche (vgl. auch die sieben Gemeinden in Apk 2–3).

V. 3 ist die gedrängte Erzählung eines mißglückten Fischfangs. Eine Parallele dazu findet sich Lk 5,5: »Wir haben die ganze Nacht gearbeitet und nichts gefangen«. Dabei fällt auf, wie die sechs Jünger Petrus untergeordnet werden: Petrus faßt den Entschluß, die Jünger folgen.

V. 4: Die Zeitangabe »am Morgen« schließt an »in dieser Nacht« (V. 3) an. Aus der Geschichte von einem mißglückten Fischfang wird die Erzählung von einer Erscheinung Jesu. Die Jünger erkennen ebenso wie vorher Maria Magdalena (Joh 20,14) Jesus nicht (vgl. Lk 24,16). Zwischen Petrus und den Jüngern wird nicht mehr unterschieden.

Die V. 2–4a gehören zu der Tradition eines Fischfangs, die, wie Lk 5 zeigt, im Zusammenhang einer Berufungserzählung des Petrus stand (s. u. S. 81 ff).

V. 5: Die vertrauliche Anrede »Kinder« erscheint nur noch 1 Joh 2,14.18. Das griechische Wort für »Speise« kann auch mit »Fisch« übersetzt werden. Der Verfasser denkt hier schon an das später erzählte Mahl und sorgt dafür, daß die dafür benötigten Fische im folgenden (V. 6) erst einmal gefangen werden (vgl. Lk 24,41 f).

V. 6 enthält den Befehl Jesu an die Jünger, das Netz auszuwerfen. Sie befolgen ihn und »konnten's nicht mehr ziehen wegen der Menge der Fische« (vgl. Lk 5,4–6). Der in V. 3 Ende konstatierte Mißerfolg wird durch die Weisung Jesu und deren Befolgung ein großer Erfolg (ebenso Lk 5).

V. 7 ist eine vom Verfasser eingelegte Zwischenepisode, die vom Lieblingsjünger und von Petrus handelt. Ebenso wie Joh 20,8 wird hervorgehoben, daß der Lieblingsjünger Jesus *vor* Petrus erkennt. Er übertrifft ihn also ein weiteres Mal (so auch in 21,20–23). Als Petrus erfährt, daß es der Herr ist, wirft er sich nach Anlegen (= Umgürten) des Obergewandes sofort ins Meer, um zu Jesus zu schwimmen. Damit wird seine große Liebe zu ihm ausgedrückt (V. 15).

V. 8 erzählt von den übrigen Jüngern und erläutert, warum Petrus ins Wasser springen (und zu Jesus schwimmen) konnte; er war nämlich nur 200 Ellen vom Strand entfernt.

V. 9 führt Fischfang und (Herren-) Mahl zusammen.

V. 10 berichtet, daß auch Fische aus dem reichen Fang zum Mahl dazugehören sollen, obwohl bereits Fische auf dem Feuer lagen (V. 9). »Diese Unstimmigkeit erklärt sich am leichtesten bei der Annahme, daß der Redaktor (= der Verfasser des Kapitels; Vf.) die Fischfanggeschichte und einen Erscheinungsbericht (zu dem das Mahl gehört) verbinden will.«[65]

V. 11: Petrus kommt wiederum eine zentrale Rolle in der Erzählung zu: Er ist derjenige, der (jetzt erst!) allein das Netz mit den 153 Fischen an Land zieht. Die betonte Auskunft über die Anzahl der Fische und daß das Netz nicht zerriß, hebt einerseits den wunderbaren Charakter des Geschehens hervor (vgl. Joh 6,13), verlangt andererseits aber eine weitergehende Deutung. Vielleicht ist für den Verfasser das Netz Symbol für die Kirche, wobei die große Zahl der Fische ihre Offenheit für alle Welt ausdrückt. Petrus scheint dabei – wie in Mt 16 – ein weiteres Mal der Garant dieser Kirche zu sein.

V. 12: Der erste Versabschnitt mit der Aufforderung Jesu zum Mahl paßt schlecht zum zweiten. Was hat die Aussage, daß niemand Jesus nach seiner Identität zu fragen wagte, mit der Aufforderung zu tun, ein Mahl zu halten? Laut Nachsatz wußten sie sogar, daß er der Herr war. Hier liegt eine merkwürdige Spannung zwischen dem Fragen-Wollen der Jünger und ihrem angeblichen Wissen vor. Sie wurde durch den Verfasser des Kapitels erzeugt – angeblich der Lieblingsjünger, der Jesus ja schon in V. 7 erkannt hatte.

V. 13: Die Einleitung des Satzes mit »da kommt Jesus« entspricht dem Versanfang von 20,18 (»da kommt Maria von Magdala«). Die Geste der Austeilung des Brotes und des Fisches erinnert an Joh 6,11. Jedenfalls wird an den Gesten Jesu erläutert, daß der Auferstandene anwesend ist (vgl. Lk 24,30). Die Jünger brauchen jetzt nicht mehr zu fragen, wonach sie in V. 12 nicht zu fragen gewagt hatten.

Die V. 12–13 stammen aus der Tradition einer österlichen Erscheinung, zu der ursprünglich auch V. 4 b gehörte.

V. 14: s. o. zu V. 1.

Als historisch gesichert darf gelten, daß Petrus (und die Jünger) nach Jesu Tod ein Erlebnis hatten, in dem ihm/ihnen Jesus als der auferstandene Christus erschien. Die Fischfangtradition V. 2–4, die eine Entsprechung in Lk 5 hat (dort handelt sie allerdings zu Lebzeiten Jesu), kann an diese Erscheinung erinnern. Wir werden uns im Zusammenhang mit der Erscheinung vor Petrus (s. u. S. 81 ff) noch genau damit zu befassen haben.

Die Tradition hinter dem Mahl des auferstandenen Jesus mit seinen Jüngern ist relativ jung. Das Abendmahl wird als Symbol der Begegnung mit dem auferstandenen Herrn verstanden. So bestätigt das Vorhandensein dieser Tradition lediglich, daß eine irgendwie geartete Erscheinung Jesu vor den Jüngern stattgefunden hat; die Verbindung mit einem »Abendmahl« ist allerdings als unhistorisch anzusehen.

B) Der Auferstandene und Simon Petrus (Joh 21,15–19)
Der Abschnitt V. 15–19, ein Gespräch Jesu mit Petrus, ist einheitlich aufgebaut. Jesus fragt Petrus in *V. 15–17* dreimal, ob er ihn liebe. »Mehr als die anderen« in der ersten Frage (V. 15) dient als Verknüpfung mit der vorigen Einheit, wo von den Jüngern die Rede ist. Petrus antwortet jedesmal zustimmend. Vor der letzten Antwort wird berichtet, daß Petrus Trauer darüber empfand, daß Jesus ihn ein drittes Mal gefragt habe – anscheinend hatten die ersten Antworten nichts ausgerichtet. Als Reaktion auf Petri Antwort folgt jeweils ein Befehl Jesu an seinen Jünger: V. 15 Ende, V. 16 Ende, V. 17 Ende. Dieser Aufbau wurde kunstvoll gestaltet. Das griechische Verb des ersten und dritten Befehls ist identisch (»*weide* meine Lämmer/Schafe«) und ebenso das Bezugsobjekt (»Schafe«) der zweiten und der dritten Aufforderung: Es geht dabei allgemein um die kirchliche Führungsstellung des Petrus. Ist es Zufall, daß Petrus machen soll, was nach Joh 10 Jesus selbst tut, nämlich der gute Hirte zu sein? Jedenfalls geht aus dem planmäßigen Aufbau eine gezielte literarische Gestaltung des Textes durch seinen Verfasser hervor.

V. 18–19 berichten von einem weiteren Dialog, in dem Jesus den Kreuzestod Petri voraussagt. Hierin liegt eine besondere Auszeichnung des Jüngers (s. auch V. 19: »Gott preisen«). Dann folgt abschließend die Aufforderung: »Folge mir nach!«; d. h. der dritte Befehl: »Weide meine Schafe!«

(V. 17) wird ergänzt durch die Aufforderung der persönlichen Nachfolge, die (wegen V. 18–19 a) ein Ruf zur Nachfolge ins Martyrium ist. Damit ist offenkundig auf Joh 13,36 verwiesen und ausgesagt: Erst jetzt ist eine Nachfolge Jesu durch Petrus möglich, nachdem er trotz seiner Verleugnung Vergebung der Sünden empfangen hat. Mit anderen Worten: Petrus wird rehabilitiert.

Die letzte Beobachtung zeigt, wie der Verfasser die Szene verstanden haben wollte: Die Verleugnung Jesu durch Petrus ist durch die wiederholte Beauftragung Petri »überwunden«. Dabei ist die Dreizahl des Dialogs vielleicht eine Nachbildung der auch im Johannesevangelium dreifach erzählten Verleugnung Jesu durch Petrus (Joh 18,17.25–27).

Aus diesem Befund wird zuweilen geschlossen, daß in der vorliegenden Erzählung keine alte Tradition vorliege. Aber ist es ausgeschlossen, daß der Verfasser des 21. Kapitels einen traditionellen Zusammenhang zwischen Beauftragung und Verleugnung fortgelassen hat? Es ist möglich, daß der vorliegende Text ein Rest des ursprünglich berichteten Zusammenhangs von Verleugnung und Gnadenerfahrung ist, umso mehr, als dieser auch in der gemeinsamen Basis von Lk 5 und Joh 21,1–13 wahrscheinlich ist. Allerdings sei zugegeben: Aus einer isolierten Betrachtung des Textes kann eine solche These nicht entwickelt werden. Dies wird uns später noch beschäftigen (S. 88 f), wenn es speziell um die Historizität der Verleugnung Jesu durch Petrus geht.

In jedem Fall entspringt aber auch die hinter Joh 21,15–17 liegende Tradition der Erinnerung an eine Ersterscheinung Jesu vor Petrus aus der frühesten nachösterlichen Zeit. Eine Erscheinung Jesu vor Petrus ist sicher historisch. Petrus interpretierte diese Erscheinung als einen Auftrag Jesu, der Gemeinde vorzustehen (vgl. Mt 16,18 unten S. 83 ff).

C) Petrus und der Jünger, den Jesus liebte (Joh 21,20–23)
Der Abschnitt beleuchtet ein weiteres Mal (nach Joh 20,3 ff; 21,7) das Verhältnis Petri zu dem Lieblingsjünger.

V. 20: Indem gesagt wird, der Lieblingsjünger folge Jesus bereits nach, während Petrus erst V. 19 dazu die Aufforderung empfängt, wird dem Lieblingsjünger wiederum eine geistliche Überlegenheit zugeschrieben. Der Vers bezieht sich bewußt auf die Abendmahlsszene (Joh 18,15) zurück.

V. 21–22: Nachdem Jesus in V. 18 den Kreuzestod des Petrus vorausgesagt hatte, fragt Petrus ihn nach dem Schicksal des Lieblingsjüngers. Der Verfasser des 21. Kapitels nimmt ein in seiner Gemeinde umlaufendes Wort auf, daß der Lieblingsjünger bis zur Wiederkunft Jesu nicht sterben werde und will dessen eigentlichen Sinn erklären. Dazu entwirft er ein Gespräch Jesu mit Petrus. Jesus erklärt, daß es Petrus nichts angehe, falls der Lieblingsjünger am Leben bliebe, bis er selbst wiederkehre. Petrus solle vielmehr ihm nachfolgen (= Bekräftigung des Nachfolgerufs in V. 19 sowie des Vorrangs des Lieblingsjüngers vor Petrus).

V. 23 korrigiert die Erwartung von Gemeindemitgliedern (= Brüdern), der Lieblingsjünger werde bis zur Wiederkunft Christi nicht sterben und erklärt diese Annahme für ein Mißverständnis. Jesus habe sein Überleben nämlich nicht vorausgesagt, sondern es nur als Möglichkeit hingestellt.

Die Tatsache, daß eine falsche Erwartung bezüglich des Überlebens des Lieblingsjüngers korrigiert werden mußte, sollte alle Zweifel an der historischen Existenz dieses Jüngers beseitigen.

Das Gespräch V. 20–23 zwischen Petrus und Jesus will zwei Punkte klarstellen[66]:

a) Die Autorität des Petrus ist auf den Lieblingsjünger übergegangen (Petrus muß den Märtyrertod sterben, während der Lieblingsjünger bleibt).

b) Der Lieblingsjünger bleibt trotz seines Todes Garant der johanneischen Gemeinde; er gilt nach V. 24 als der Autor des Johannesevangeliums.

Damit dürfte klar sein, daß der gesamte Abschnitt der Phantasie des Verfassers des 21. Kapitels entstammt. Ältere Traditionen wurden nicht benutzt; einen historischen Hintergrund gibt es nicht.

Ergebnisse zur Analyse der Osterberichte

Alle vier Evangelien des Neuen Testaments berichten in ausführlichen Schilderungen über einen Besuch von Anhängerinnen bzw. Jüngern Jesu am Grab ihres Meisters, der am dritten Tag nach der Kreuzigung stattgefunden haben soll. Sie finden es leer vor, und jedesmal erhalten sie die Mitteilung, daß Jesus auferweckt worden sei. In drei der Evangelien begegnet ihnen kurze Zeit später der auferstandene Jesus, der ihnen spezifische Weisungen erteilt.

1. Die Erzählungen von Grabbesuchen sind um Maria aus der Stadt Magdala in Galiläa herum gebildet; die mit ihr zum Grab gehenden Personen sind austauschbar. Somit steht und fällt die Historizität mit der Glaubwürdigkeit des Ganges der Maria zum Grab. Mit Sicherheit war Maria eine Nachfolgerin Jesu und zog zusammen mit diesem nach Jerusalem. Sie ist ein fester Bestandteil der Passionsüberlieferung (s. o. S. 30 ff). Doch ihr Besuch am Grab Jesu ist nicht historisch: Die Überlieferunsquelle ist eine spät entstandene, gegen Angriffe von Gegnern gerichtete Legende, die einen bereits vorhandenen »christlichen« Glauben an die Auferstehung Jesu voraussetzt (s. o. S. 61 ff; auch der Grabbesuch durch Petrus wurde dort als unhistorisch entlarvt).

2. Das Datum der Auferstehung »am dritten Tag« läßt sich historisch nicht belegen. Der Zeitpunkt wurde vermutet, da er eine alttestamentliche Prophezeiung (Hos 6,2) erfüllte (s. o. S. 51 f).

3. Schon die Untersuchung des Begräbnisses Jesu hatte zu dem Ergebnis geführt, daß dessen Anhänger gar nicht wußten, wo ihr Anführer bestattet worden war (s. o. S. 27f). Die Analyse der Grabwächtererzählung (Mt 27,62–66; 28,11–15), die scheinbar belegt, daß der Begräbnisort sehr wohl den Behörden als auch den Jüngern bekannt war (denn wie sonst hätte das Grab bewacht werden können?), erwies sich als erst nachträglich gebildete Legende, um einem tatsächlich umlaufenden Gerücht von einem Diebstahl des Leichnams Jesu entgegenzutreten (s. o. S. 56ff).

4. Der Vorgang der Auferweckung Jesu selbst wird in keinem Text des Neuen Testaments beschrieben. Doch außerhalb der biblischen Schriften finden sich detaillierte Aussagen darüber. Allerdings sind diese allesamt Phantasieprodukte, die die Frage nach dem »Wie« der Auferstehung Jesu zu beantworten suchen (s. o. S. 55 ff).

5. Bald nach seiner Kreuzigung ist Jesus einigen Personen erschienen. Doch die älteste Erscheinung erfolgte nicht am Grab, denn Grabes- und Erscheinungstradition gehörten ursprünglich nicht zusammen. Erst in der Folgezeit wurden sie immer näher zusammengerückt, so daß die Art der ursprünglichen Erscheinung fast unkenntlich wurde.

Dabei ist generell für diejenigen Berichte, die eine Körperlichkeit des Auferstandenen betonen, ein relativ spätes Entstehungsdatum anzusetzen, obwohl Elemente in ihnen durchaus älter sein können. Denn die Hervorhebung der sinnlich wahrzunehmenden Wirklichkeit des auferstandenen Jesus bildete sich erst später aus, um an der Realität der Auferstehung entgegen anderer Behauptungen, nach denen Jesus gar nicht, nur als Geist oder nur zum Schein auferstanden sei, festhalten zu können.

6. Als historisch gesichert darf gelten, daß Petrus und die Jünger nach Jesu Tod Erlebnisse hatten, in denen ihnen Jesus als der auferstandene Christus erschienen ist.

7. Als Schauplätze dieser Ereignisse werden Jerusalem (und Umgebung) sowie Galiläa genannt. Hätten jedoch die ersten Erscheinungen in Jerusalem stattgefunden, wären diejenigen in Galiläa nicht zu erklären. Denn warum hätten die Jünger *nach* ihrem Auferstehungserlebnis nach Galiläa zurückgehen sollen? Die Urgemeinde entstand doch in Jerusalem, dem Glaubenszentrum der Juden.

Aus demselben Grund ist es auch schwer vorstellbar, daß sich jemand Galiläa als Erscheinungsort Jesu ausgedacht hat. So bleibt nur der Schluß, daß die ersten Erscheinungen tatsächlich in Galiläa und die folgenden in Jerusalem, aber erst zu einem späteren Zeitpunkt, stattfanden. Diese Vermutung wird dadurch untermauert, daß die Erscheinung in Joh 21 am See Tiberias (also in Galiläa) spielt, und diese Ortsnennung aus einer alten Tradition stammt (s. o. S. 70ff und vgl. bes. unten S. 81ff).

8. Damit ist es aber unmöglich, daß diese Erscheinungen schon am dritten Tag nach der Kreuzigung begannen. Die Jünger hätten in dieser Zeit, von Freitag bis Sonntag, den Weg von Jerusalem nach Galiläa nicht zurücklegen können. Dazwischen lag überdies der Sabbat, an dem sie kaum gereist

wären. Doch ist gleichzeitig zu beachten, daß in der ältesten Erwähnung 1 Kor 15,4 nur die Auferstehung Jesu und *nicht* die Erscheinung auf den dritten Tag datiert wird.

9. Die Evangelien nennen eine *Erst*erscheinung vor Maria Magdalena, die fest mit dem Ort Jerusalem verbunden ist. Historisch sicher scheint zu sein, daß Maria Magdalena eine Erscheinung des auferstandenen Jesus gehabt hat. Entweder fand diese Erscheinung später statt, nämlich als die Kunde von Jesuserscheinungen von Galiläa bis nach Jerusalem gelangt war, oder Jesus erschien gleichzeitig an mehreren Orten. Dann wäre es tatsächlich nicht zu entscheiden, wer nun die frühere Erscheinung gehabt hatte – Petrus oder Maria. Doch ist die Tradition einer Ersterscheinung vor Maria erst relativ spät entstanden (s. o. S. 61 ff), während diejenige vor Petrus zu den ältesten Überlieferungsstücken zählt. Dies ist ein guter Grund, die *Erst*erscheinung vor Maria als unhistorisch zu bezeichnen.

10. Ebenfalls mit der Umgebung von Jerusalem (Emmaus) fest verbunden ist die in einzelnen Zügen zweifellos alte Erscheinung Jesu vor zwei Jüngern, deren einer mit dem Namen Kleopas bezeichnet wird. Es darf vermutet werden, daß es sich hierbei um einen Vetter Jesu handelt. Dieses Verwandschaftsverhältnis würde auch erklären, weshalb sich um diese Erscheinung eine eigenständige Tradition ausgebildet hat. Denn in der antiken Zeit kam Verwandschaftsverhältnissen eine besondere Bedeutung zu; die Blutsverwandschaft zu hohen Persönlichkeiten wurde geradezu als Statussymbol verstanden (s. u. S. 96 f). So bildeten sich um diese Personen leicht Berichte und Legenden. Man wird also vermuten dürfen, daß Erscheinungen des auferweckten Jesus vor Mitgliedern seiner Familie tatsächlich stattgefunden haben, doch liegt der Zeitpunkt dieser Erscheinungen im Dunkeln.

11. Zuletzt sei noch auf die Erscheinung vor Thomas hingewiesen, die vom Evangelisten Johannes selbst gebildet wurde und die damit als unhistorisch zu bezeichen ist (s. o. S. 68 ff).

Die untersuchten Erzählungen stammen allesamt nicht von Augenzeugen, sondern sind durch die Hand der Gemeinde oder / und einer theologisch geschulten Persönlichkeit gegangen. So ist der historische Ertrag zur Auferstehung Jesu bislang unbefriedigend. Wir wissen bis jetzt nur, daß ein Geschehen, wie es die Evangelien nahelegen, historisch nicht wahrscheinlich ist. Die Berichte über die Auferstehung Jesu und ihre Begleitumstände sind allesamt als Versuche zu verstehen, Unerklärliches doch zu erklären; mit dem wirklichen historischen Geschehen hat dies nichts zu tun. So scheint das Unterfangen, das Auferstehungsgeschehen zu rekonstruieren, in eine Sackgasse geraten zu sein.

Das einzige, was wir mit Sicherheit als historisch bezeichnen können, ist, daß es Auferstehungserscheinungen bald nach Jesu Tod in Galiläa (und Jerusalem) gegeben hat. Diese Erscheinungen sind nicht zu leugnen. Aber hat sich in ihnen tatsächlich der auferstandene Jesus offenbart? Wenn dies gezeigt werden kann, dann darf man getrost für die Zukunft auf die Frage nach dem »*Wie*« der Auferstehung verzichten. Denn dann würde das festgestellte »*Daß*« der Auferstehung zur Festigung unseres christlichen Glaubens vollkommen genügen.

Deshalb sollen jetzt die uns von 1 Kor 15 her bekannten Auferstehungserscheinungen eingehend beleuchtet werden.

Die Erscheinungen des auferstandenen Jesus

Bei der Untersuchung der Auferstehungserscheinungen werden wir uns auf die von Paulus in 1 Kor 15 erwähnten »Schauungen« beschränken. Der Grund dafür ist, daß die Untersuchungen der zusätzlichen Erscheinungen (vor Maria und Kleopas) uns außer der *Tatsache* der Erscheinung selbst keinerlei Hinweise über das *Wie* der Schauung gegeben haben. Alle Ausschmückungen wurden als unhistorisch erkannt. Es ist deshalb nicht möglich, diese Erscheinungen weiter zu hinterfragen.

Anders sieht es mit den von Paulus erwähnten Phänomenen aus. Denn in den Aussagen zur Auferstehungserscheinung vor Paulus selbst handelt es sich um einen »Augenzeugenbericht«. Außerdem setzt Paulus ausdrücklich seine eigene Erscheinung Jesu gleich mit denjenigen vor anderen Zeugen (1 Kor 15,8). Offenbar bezweifelte dies auch niemand, denn Paulus wurde (trotz einiger Widerstände) als vollwertiger Auferstehungszeuge anerkannt.

Bei der Aufzählung der Erscheinungen des Auferstandenen in 1 Kor 15,5–8 benutzt Paulus im griechischen Originaltext durchgehend eine Form des Verbs »*sehen*«. Doch bereitet die sachgemäße Übersetzung Schwierigkeiten.

Dieser Ausdruck hat eine alttestamentliche Vorgeschichte: Die griechische Fassung des Alten Testament (= Septuaginta) gebraucht sie überall dort, wo ein entsprechender hebräischer Ausdruck im Zusammenhang des Erscheinens Jahwes bzw. seines Engels vor Abraham (Gen 12,7; 17,1; 8,1), Isaak (Gen 26,2.24), Jakob (Gen 31,13; Gen 35,1.9), Moses (Ex 3,2) benutzt wird. Dies ist ca. 45mal der Fall. Angesichts dieses häufigen Gebrauchs hat man von einer »Gotteserscheinungsformel« gesprochen, die sich im »Glaubensbekenntnis« 1 Kor 15 wiederfinde, und weitreichende Konsequenzen daraus gezogen. Wird es nämlich als bloße Formel benutzt, dann sagt das Wort selbst (»*sehen*«, »*erscheinen*«) nichts mehr über einen tatsächlichen Hergang durch »*Sehen*« aus. Es wird dann nur noch die Tatsache eines irgendwie gearteten »*Erscheinens*« ausgedrückt.

Demgegenüber ist jedoch darauf zu verweisen, daß der Ausdruck in der Septuaginta auch andere Subjekte als Gott haben kann: 2 Kön 14,11 (Joasch und Amazja), 1 Makk 4,6 (Judas), 1 Makk 4,19 (Judas' Feinde), 1 Makk 9,27 (ein Prophet), 2 Makk 3,25 (ein Pferd). Man mag dort von einem abge-schliffenen oder unspezifischen Gebrauch des Wortes sprechen. So ein-deutig ist die Sache also nicht.

Paulus benutzt in 1 Kor 15 die Verbform für unterschiedliche Phänome (Einzelbegegnungen, Massenmanifestationen). Auch sonst können die Er-scheinungen nicht gleichartig gewesen sein. Denn für Kephas ist die Er-fahrung des »*Erscheinens*« zunächst ein unmittelbares Geschehen. Es ging ihm kein Kommunikationsprozeß voraus (niemand erzählte ihm, daß Je-sus auferstanden und erschienen sei) oder gar schon eine Konsolidierung der Gemeinde (wie bei anderen Gliedern der Zeugenkette). Er hatte eine eigenständige, isolierte Erfahrung.

Letzteres gilt auch für Paulus. Doch liegt der Unterschied zwischen Pe-trus und Paulus darin, daß Petrus Jesus *wieder*gesehen hat, während Pau-lus Jesus vorher gar nicht kannte. Die Christuserscheinung vor Paulus wurde ebenfalls zu einer echten »Ersterfahrung«, weil sie einen *Verfolger* der Gemeinde traf und keinen glaubenden Anhänger.

Da andererseits Paulus »*er erschien*« mit Bezug auf sich selbst gebraucht (V. 8) und damit seine Begegnung mit Jesus den Erscheinungen vor den anderen Zeugen gleichstellt, und da er an anderen Stellen unterschiedliche Verben verwendet, um seine Auferstehungsschau auszudrücken, ist der Versuch legitim, probeweise von diesen anderen Stellen her zu versuchen, das in 1 Kor 15 genannte Phänomen zu erhellen. Der Analyse der paulini-schen Texte wird daher später eine Schlüsselstellung zukommen.

Die Ersterscheinung vor Petrus

In der ersten Zeit der Urgemeinde in Jerusalem hatte Petrus deren Leitung inne. Dies darf schon aus Gal 1,18 geschlossen werden: Paulus reiste drei Jahre nach seiner Bekehrung nach Jerusalem, um *Petrus* kennenzulernen. Wie Petrus in diese Position gelangt ist, läßt sich am ehesten als Folge einer Legitimierung durch »den Auferstandenen« plausibel machen. Auf diese historisch zu nennende Auferstehungserscheinung bezieht sich 1 Kor 15,5, ebenso wie der alte »Osterjubelruf« Lk 24,34 (»Der Herr ist wahrhaftig auferstanden und dem Simon erschienen«). Auch *außerhalb* des Neuen Te-staments findet sich eine Reaktion auf die Ersterscheinung, und zwar in dem bereits behandelten Text bei Ignatius, An die Smyrnäer 3,1–2 (s. o. S. 48).

Es ist jedoch eigenartig, wie wenig die Texte über diese für die Grün-dung der ersten Christengemeinde so wichtige Ersterscheinung vor Petrus berichten. Der Grund dafür dürfte sein, daß die Bedeutung des Petrus in der Urgemeinde recht schnell zurückgegangen war. Denn in der Ausein-andersetzung darüber, ob das strenge jüdische Gesetz für Christen noch eine Bedeutung hätte, setzte sich der gesetzestreuere Hauptteil der Urgemeinde unter Führung des Jakobus gegen die gesetzesfreiere Fraktion des Petrus durch. Damit wurde das Ansehen des Petrus erschüttert. Er verließ schließlich Jerusalem, ging auf Missionsreise und starb unter Nero in Rom (ca. 65).

Angesichts dieser Entwicklung im frühen Jerusalemer Christentum wird es verständlich, warum Traditionen über Petrus allmählich abgeschwächt und durch Erzählungen über Jakobus verdrängt wurden. Es ist doch nicht verwunderlich, daß zu der Zeit, in der die Evangelien abgefaßt wurden, die anfängliche Führungsrolle des Petrus in der Jerusalemer Urgemeinde nur noch am Rande erwähnt wurde. Das heißt aber nicht, daß es sie nicht gegeben hätte!

Gleichwohl haben sich im Neuen Testament noch spärliche Überreste einer ursprünglichen Christusschau durch Petrus erhalten, nämlich in den Texten Lk 5,1–11 / Joh 21 und Mt 16,17–19.

Lk 5,1–11 / Joh 21

Die Menschenfischergeschichte *Lk 5,1–11* spielt zu Lebzeiten Jesu. Von seiner Auferstehung ist hier also eigentlich nicht die Rede:

> *1:* Es begab sich aber, als sich die Menge zu ihm drängte, um das Wort Gottes zu hören, da stand er am See Genezareth
>
> *2:* und sah zwei Boote am Ufer liegen; die Fischer aber waren ausgestiegen und wuschen ihre Netze.
>
> *3:* Da stieg er in eins der Boote, das Simon gehörte, und bat ihn, ein wenig vom Land wegzufahren. Und er setzte sich und lehrte die Menge vom Boot aus.
>
> *4:* Und als er aufgehört hatte zu reden, sprach er zu Simon: Fahre hinaus, wo es tief ist, und werft eure Netze zum Fang aus!
>
> *5:* Und Simon antwortete und sprach: Meister, wir haben die ganze Nacht gearbeitet und nichts gefangen; aber auf dein Wort will ich die Netze auswerfen.
>
> *6:* Und als sie das taten, fingen sie eine große Menge Fische, und ihre Netze begannen zu reißen.
>
> *7:* Und sie winkten ihren Gefährten, die im andern Boot waren, sie sollten kommen und mit ihnen ziehen. Und sie kamen und füllten beide Boote voll, so daß sie fast sanken.
>
> *8:* Als das Simon Petrus sah, fiel er Jesus zu Füßen und sprach: Herr, geh weg von mir! Ich bin ein sündiger Mensch.
>
> *9:* Denn ein Schrecken hatte ihn erfaßt und alle, die bei ihm waren, über diesen Fang, den sie miteinander getan hatten,
>
> *10:* ebenso auch Jakobus und Johannes, die Söhne des Zebedäus, Simons Gefährten. Und Jesus sprach zu Simon: Fürchte dich nicht! Von nun an wirst du Menschen fangen.

11: Und sie brachten die Boote ans Land und verließen alles und folgten ihm nach.

In den Vorbemerkungen (s. o. S. 14 ff) wurde gesagt, daß die zeitliche Einordnung einzelner Taten Jesu von den Evangelisten recht willkürlich vorgenommen wurde. So muß also immer gefragt werden, ob eine Erzählung an gerade dieser Stelle korrekt plaziert ist.

Gewöhnlich läßt sich über eine solche Frage nur spekulieren, da die Anhaltspunkte für eine eindeutige Antwort fehlen. Doch in diesem speziellen Fall kann die Erzählung *Joh 21,1 – 17* weiterhelfen. Dort finden sich interessante Parallelen zur Lukasgeschichte (vgl. oben S. 70 ff), die den Verdacht nahelegen, daß beide Berichte zusammengehören und ursprünglich auf eine Auferstehungsgeschichte zurückgehen.[67] Folgende Motive entsprechen sich untereinander:

1. Petrus als Hauptperson der Erzählung (neben Jesus);
2. der erfolglose Fischzug;
3. die Anspielungen auf die Verleugnung durch Petrus (das Sündenbekenntnis Lk 5,8 b / die dreimalige Frage Jesu Joh 21,15 – 17);
4. der überreiche Fang (Joh 21,6 / Lk 5,6);
5. das Motiv des Fangens jeweils in Verbindung mit Petrus (Lk 5,10 c / Joh 21,11);
6. der Ruf in die Nachfolge (Lk 5,11 / Joh 21,19);
7. die Würdigung des Petrus durch ein Herrenwort (Lk 5,10 c / Joh 21,17 d);

Gerade zum Text Joh 21,15 – 17 stellten wir fest, daß er in seiner jetzigen Form der Verknüpfung von Verleugnung und Gnadenerfahrung keine alte Tradition darstellt. So sind der dritte und der sechste aufgeführte Punkt kein ursprünglicher Bestandteil der Geschichte. Doch bleibt es aufgrund der anderen angeführten Parallelen sehr wahrscheinlich, daß durch Joh 21 die Erzählung Lk 5,1 – 11 als ehemalige Ostergeschichte bestimmt werden kann; dies umso mehr, als die lukanische Fassung des Menschenfischerwortes (Lk 5,10) in seiner Ausrichtung auf Petrus die Verwurzelung des Spruchs in der Ostersituation zwingend erfordert.[68]

Der ältere Markustext Mk 1,16 – 18 berichtet bei ähnlicher Situation nur von der *Verheißung* einer zukünftigen Einsetzung zu Menschenfischern:

16: Als er aber am Galiläischen Meer entlangging, sah er Simon und Andreas, Simons Bruder, wie sie ihre Netze ins Meer warfen; denn sie waren Fischer.
17: Und Jesus sprach zu ihnen: Folgt mir nach; ich will euch zu Menschenfischern machen!
18: Sogleich verließen sie ihre Netze und folgten ihm nach.

Lk 5,10 dagegen stellt die *Einsetzung* selbst dar, die unmittelbar mit dem Ergehen dieses Wortes an Petrus erfolgt. Ferner enthält Mk 1,18 einen Aufruf zur Nachfolge, der den Umständen des Lebens Jesu *erst nachträglich* angepaßt ist, während Lk 5,10 der Aufruf: »Fürchte dich nicht!« steht. Dieser hat sich kaum aus Mk 1,18 entwickelt, sondern stand bereits ursprünglich in der Erscheinungsgeschichte. Dies paßt zum österlichen Entsetzen angesichts der Begegnung mit dem Auferstandenen.

Ein weiteres, wichtiges Indiz für eine zugrundeliegende Auferstehungssituation besteht darin, daß Lk 5,8 b »ein verzweifeltes Schuldbekenntnis des Petrus [erzählt], zu dem in der Lk 5 vorausgesetzten Lage jeder Anlaß fehlt«.[69] Falls die Verleugnung Jesu durch Petrus historisch zu nennen sein sollte (s. u. S. 88 ff), so ließe sich vorläufig der Sinn des hinter Lk 5 liegenden historischen Ereignisses als »Begnadigung aus tiefer Schuld und Einsetzung zum Zeugen und Apostel des lebendigen Herrn«[70] angeben.

Natürlich ist nicht jede Offenbarungsszene automatisch im Ostergeschehen zu verankern. Doch hier ist diese Entstehung sehr wahrscheinlich.

Lk 5 / Joh 21 gehen also auf die Überlieferung einer Erscheinung des auferstandenen Jesus zurück, über deren Einzelheiten wir naturgemäß nicht gut unterrichtet sind, zumal die beiden Texten aus einer späteren Perspektive heraus formuliert wurden.

Mt 16,15–19

Ein weiterer, wiederum aus späterer Perspektive formulierter Bericht zur Ersterscheinung Jesu vor Petrus liegt wahrscheinlich in Mt 16,15–19 vor.

15: Er fragte sie: Wer sagt ihr denn, daß ich sei?

16: Da antwortete Simon Petrus und sprach: Du bist Christus, des lebendigen Gottes Sohn!

17: Und Jesus antwortete und sprach zu ihm: Selig bist du, Simon, Jonas Sohn; denn Fleisch und Blut haben dir das nicht offenbart, sondern mein Vater im Himmel.

18: Und ich sage dir auch: Du bist Petrus, und auf diesen Felsen will ich meine Gemeinde bauen, und die Pforten der Hölle sollen sie nicht überwältigen.

19: Ich will dir die Schlüssel des Himmelreichs geben: alles, was du auf Erden binden wirst, soll auch im Himmel gebunden sein, und alles, was du auf Erden lösen wirst, soll auch im Himmel gelöst sein.

Bereits Rudolf Bultmann sprach sich mit guten Gründen für das hohe Alter dieses Stückes aus.[71] Er schrieb: »die Gemeinde tradierte ein Jesuswort, in dem dem Petrus die Autorität in Sachen der Lehre bzw. der Disziplin zugesprochen wird« (S. 147). Das folge aus den Verben »lösen« und »binden« in V. 19. Der ganze Gedanke von V. 18 weise in die älteste Zeit: »Die Worte können kaum irgendwo anders als in der palästinensischen Urgemeinde formuliert worden sein, wo man zu Petrus als dem Begründer und Führer der Gemeinde aufsah und dem Auferstandenen die Seligpreisung des Petrus in den Mund legte. Denn der Auferstandene spricht Mt 16,17–19 zweifellos;...« (S. 277).

In Mt 16,17–19 fände sich dann das ursprüngliche Ende der Erzählung vom Petrusbekenntnis, das schon Markus in Mk 8,27–30 berichtet. Doch dort hätte bereits Markus dieses Ende verworfen und durch die Diskussion zwischen Jesus und Petrus (Mk 8,31–33) ersetzt, die darin gipfelt, daß Jesus die Ansicht des Petrus mit den Worten »Geh weg von mir, Satan!« (V. 33 b) verwirft. Hierin drücke sich nun »eine Polemik gegen die judenchristliche, durch Petrus repräsentierte Anschauung vom Standpunkt des hellenistischen Christentums der paulinischen Sphäre aus« (S. 277; vgl. Mk 8,32 f.).

Die wichtige Schlußfolgerung Bultmanns aus seinen Überlegungen lautet: »*ist die Vermutung richtig, daß Mt 16,17–19 ursprünglich den Schluß der Bekenntnisszene gebildet hat, so kommt in ihr auch zum Ausdruck, daß das Ostererlebnis des Petrus die Geburtsstunde des Messiasglaubens der Urgemeinde war, ja, die ganze Erzählung wäre dann als eine Ostergeschichte zu bezeichnen, die (vielleicht erst von Markus) ins Leben Jesu zurückverlegt worden wäre.*« (S. 277 f.).

Es ist wahrscheinlich, daß in den Gemeinden zunächst Erzählungen vom Ostererlebnis des Petrus umliefen. Diese hoben den Anspruch auf die Ersterscheinung hervor. Vor allem aufgrund der sich wandelnden Machtverhältnisse und der Konkurrenzsituation in der Jerusalemer Urgemeinde wurden diese Überlieferungen aber bald »verunstaltet« und in andere Erzählzusammenhänge gestellt. Trotzdem darf das historische Urteil ausgesprochen werden: *Petrus hat nach Jesu Tod diesen lebendig gehört und gesehen.* Mit dieser »Schauung« verband sich der Auftrag zur Mission und zur Leitung der Kirche sowie die Verleihung der Vollmacht zur Sündenvergebung. Inwieweit die letzten drei Punkte historisch Gegenstand der Erscheinung selbst waren oder sich nachträglich aus der Deutung des Petrus ergaben, ist kaum mehr sicher zu sagen.

Nun könnte man mit diesen Feststellungen die geschichtliche Rückfrage abbrechen und ein weiteres Nachforschen für historisch unmöglich halten, zumal die Quellenlage schlecht ist. Hier gilt in der Tat das Gebot historischer Vernunft, dort nicht zu spekulieren, wo die Quellen versagen. Auf der anderen Seite dürften die Petrustraditionen des Neuen Testaments noch nicht vollständig für die Frage der Ostererscheinung vor Petrus ausgeschöpft worden sein. Das gilt insbesondere für die Überlieferung einer Verleugnung Jesu durch Petrus, die unmittelbar bei der Verhaftung Jesu stattgefunden haben soll. Schon Lk 5,8 wies höchstwahrscheinlich auf diese Tradition. Sollte sie historisch sein, so läge es ja nahe, die Verleugnung Jesu (*vor* dessen Tod) und die Schauung Jesu (*nach* dessen Tod) in Beziehung zueinander zu setzen und damit ggf. einen vertieften Zugang zur Auferstehungserscheinung vor Petrus zu erhalten.

Die Verleugnung Jesu durch Petrus (Mk 14,54.66–72)[72]

Nach seiner Verhaftung wurde Jesus vor den Hohepriester geführt:

> *54:* Petrus aber folgte ihm nach von ferne, bis hinein in den Palast des Hohenpriesters, und saß da bei den Knechten und wärmte sich am Feuer.
>
> ...
>
> *66b:* Da kam eine von den Mägden des Hohenpriesters;
> *67:* und als sie Petrus sah, wie er sich wärmte, schaute sie ihn an und sprach: Und du warst auch mit dem Nazarener Jesus.
> *68:* Er leugnete aber und sprach: Weder weiß ich noch verstehe ich, was du sagst. Und er ging hinaus in den Vorhof, und der Hahn krähte.
> *69:* Und die Magd sah ihn und begann abermals, denen zu sagen, die dabeistanden: Das ist einer von denen.
> *70:* Und er leugnete abermals. Und nach einer kleinen Weile sprachen die, die dabeistanden, abermals zu Petrus: Wahrhaftig, du bist einer von denen; denn du bist auch ein Galiläer.
> *71:* Er aber fing an, sich zu verfluchen und zu schwören: Ich kenne den Menschen nicht, von dem ihr redet.
> *72:* Und alsbald krähte der Hahn zum zweiten Mal. Da erinnerte sich Petrus an das Wort, das Jesus zu ihm gesagt hatte: Ehe der Hahn zweimal kräht, wirst du mich dreimal verleugnen. Und er fing an zu weinen.

Die gesamte Erzählung bezieht sich zurück auf die mit V. 72c wortgleiche Voraussage der Verleugnung in Mk 14,30.

V. 54, der Beginn der Erzählung, ist von Markus vorgezogen worden, um diese mit dem Bericht von der Verhandlung vor dem Hohen Rat (V. 53.55–65) zu verklammern. V. 66a (»Und Petrus war unten im Hof«) nimmt den in V. 54 unterbrochenen Faden wieder auf. »Wie er sich wärmte« (V. 67) bezieht sich auf »wärmen« in V. 54 zurück.

Durch die Verschachtelung zweier Ereignisse ergibt sich ein eindrucksvoller Gegensatz zwischen Jesu Bekenntnis vor dem Hohen Rat (Mk 14,62) und der Verleugnung des Petrus.

Der Sinn der Verknüpfung von Verleugnung und Verhandlung vor dem Hohen Rat ist bei Markus zweifellos der, Bekenntnis Jesu (Mk 14,62) und dreifache, also totale Verleugnung durch Petrus zu kontrastieren. Diese krasse Gegenüberstellung mahnt die Christen, dem Beispiel Jesu im offenen Bekenntnis zu entsprechen.

Auch innerhalb der Erzählung hat Markus selbst eingegriffen: Spuren markinischer Verknüpfung bzw. typisch markinischen Sprachgebrauchs finden sich in der Aufnahme von »Hoherpriester« (V.66 bezieht sich auf V.53) und dem »wie er sich wärmte« (V.67 nimmt V.54 auf). Auch »mit dem Nazarener«[73] (V.67); »abermals«, »begann« (V.69); »abermals«, »und nach einer kleinen Weile« (V.70); »er erinnerte sich« sowie »das Wort«[74] (V.72) stammen von Markus. Eventuell entwarf dieser sogar den ganzen V. 72, der sich auf 14,30 bezieht.

V.66–68a schildern die *erste* Verleugnung. Streng genommen handelt es sich um eine Verleugnung des Jüngerseins des Petrus (vgl. V.67b) und noch nicht um eine Verleugnung Jesu. Doch indem die Antwort Petri V.68a zugleich jede Kenntnis von Jesus abweist, wird die spätere konkrete Verleugnung in V.71 vorbereitet. Der Text vollzieht eine Steigerung: Die Fragen an Petrus werden intensiver und drängender, so daß er sich nicht mehr mit allgemeinen Ausflüchten des Unverständnisses behelfen kann, sondern *konkret* werden muß.

V.68b–70a berichten von der *zweiten* Verleugnung, die im Vorhof stattfindet. Sie wird im Gegensatz zu der ersten nicht ausführlich dargestellt, sondern nur kurz erwähnt. Das paßt zu dem Umstand, daß die Magd die Beistehenden über Petrus lediglich »informiert« (und ihn selbst nicht mehr anspricht wie beim ersten Mal). Die Steigerung besteht darin, daß immer mehr Personen in die Szene einbezogen werden und Petrus mit der Frage nach seiner Zugehörigkeit zum Jesuskreis bedrängen. Diese Frage der Beistehenden an Petrus wird nicht eigens beschrieben, sondern vorausgesetzt, da Petrus darauf Bezug nimmt (»er leugnete *abermals*«). »Abermals« nimmt dasselbe Wort aus V.69 auf und wird anschließend in V.70 nochmals gebraucht, wohl um die Kettenreaktion von Frage und Verleugnung zu betonen.

V.70b–71 haben die *dritte* Verleugnung zum Gegenstand. Ihr Ort ist anscheinend derselbe wie bei der zweiten (der Vorhof), doch wird er nicht ausdrücklich genannt. Diesmal ergreifen die Umstehenden die Initiative. Ihnen hatte die Magd zuvor in der zweiten Verleugnungsszene Petri Identität verraten. Damit sind zweite und dritte Verleugnung eng aufeinander bezogen. Die Behauptung der Dabeistehenden stützt sich darauf, daß Petrus (wie Jesus) Galiläer ist. Vorher bekräftigen sie, was die Magd ihnen soeben (V.69b) gesagt hat, und reden Petrus diesmal ausdrücklich an. Diese dritte Verleugnung des Petrus ist durch Fluch und Schwur am stärksten betont. Erst jetzt handelt es sich um eine konkrete Verleugnung Jesu. Damit wird 14,30 (die Verleugnungsansage) erst eigentlich erfüllt.

V.72: Durch diesen Vers sind die Verleugnung in Mk 14,54f.66–71 und ihre Ansage in Mk 14,27–31 nachträglich eng miteinander verknüpft. Ebenso wie Jesus im Markusevangelium die kommende Verleugnung des Petrus voraussagt, hat er auch zuvor schon von dem Verrat des Judas (Mk 14,18–21) und von seinem eigenen Tod sowie seiner Auferstehung (Mk 8,31; 9,31; 10,32–34) im voraus gewußt.

Die in der Wissenschaft umstrittene Frage, ob Markus an dieser Stelle *eine* ursprünglich erzählte Verleugnung auf *drei* erweitert hat, kann hier unberücksichtigt bleiben. Sie dürfte mit hinreichender Sicherheit kaum zu entscheiden sein. Doch ist dies für die zu stellende Frage nach der *Historizität* der Verleugnung ohne Belang. Fest steht jedenfalls, daß die Verleugnungstradition einmal isoliert und unabhängig von der Passionsgeschichte umlief, da die Verknüpfung beider erst nachträglich geschah, und *daß* eine – allerdings nicht sicher einzugrenzende – Tradition einer Verleugnung Jesu durch Petrus existierte. *Diese dürfte einen historischen Kern besitzen, denn es ist undenkbar, daß die Gemeinde eine so erniedrigende Legende über ihren Führer selbst erfand.*

Bevor ein neuer Vorschlag zum Ursprung dieser Tradition vorgelegt werden soll, muß noch das Verhältnis der Verleugnungstradition zu einer von ihr abweichenden Überlieferung geprüft werden, die sich in Lk 22,31–34 findet.

Das Verhältnis von Mk 14,66–72 zu Lk 22,31–34

31: Simon, Simon, siehe, der Satan hat begehrt, euch zu sieben wie den Weizen.

32: Ich aber habe für dich gebetet, damit dein Glaube nicht aufhöre. Und wenn du dereinst dich bekehrst, so stärke deine Brüder.

33: Er aber sprach zu ihm: Herr, ich bin bereit, mit dir ins Gefängnis und in den Tod zu gehen.

34: Er aber sprach: Petrus, ich sage dir: Der Hahn wird heute nicht krähen, ehe du dreimal geleugnet hast, daß du mich kennst.

Schon Rudolf Bultmann hat darauf hingewiesen, daß in diesen kurzen Versen eine große Schwierigkeit liegt. Denn »V. 33 f. wirkt nach V. 31 f. deplaziert, da V. 32 mit dem Ausblick auf die große Rolle des Petrus schloß, während V. 33 f. nur die traurige Kehrseite zum Inhalt hat.«[75] So ist es kaum möglich, daß alle Verse ursprünglich zusammengehört haben.

Es wurde deshalb vermutet, daß die Passage gänzlich von Lukas gebildet sei, also keinen traditionellen Kern besäße. Doch wirft dies eine neue Schwierigkeit auf: Ist es einem so auf innere Stimmigkeit bedachten Schriftsteller wie Lukas zuzutrauen, daß er auffällige Widersprüche in aufeinanderfolgenden Sätzen nicht bemerkt hätte?

Dagegen ist die These Bultmanns, der Lk 22,31 f der Tradition zurechnet und auf lukanische Formulierung von 22,32 b–33 schließt, einleuchtender. Das Traditionsstück Lk 22,31 f ist, so Bultmann weiter, vor allem aus zwei Gründen wichtig: »1. es zeigt, daß manche Bestandteile der Passionsgeschichte auch eine gesonderte Tradition hatten. 2. V. 31.32 a setzt offenbar voraus, daß bei der ›Sichtung‹ (= ›beim Sieben‹; Vf.) der Jünger alle außer Petrus abgefallen sind; nur seine Treue hat nicht gewankt. Diese Tradition kennt also die Verleugnungsgeschichte nicht« (S. 288). Das Bild vom Sieben des Weizens setze voraus, daß nicht alle Jünger abgefallen seien, sondern ein Rest den »Siebevorgang« bestanden hätte; und der Ausspruch Jesu: »damit dein Glaube nicht aufhöre«, schließe einen Abfall des Petrus geradezu aus (S. 288 Anm. 1).

Damit ist klar geworden: Die Überlieferung von Lk 22,31f, die von einem Abfall der Jünger und von einem Durchhalten des Petrus angesichts der Passion Jesu spricht, und die Tradition einer Verleugnung Jesu durch Petrus stehen in Spannung zueinander. Man könnte daraus die Unhistorizität der Verleugnung folgern. Doch ist es ebenso denkbar, daß die Tradition Lk 22,31f eine bestehende Verleugnungtradition *korrigieren* wollte und *deshalb* die Standhaftigkeit des Petrus besonders betonte. Zudem wäre denkbar, daß die Tradition – trotz der Verleugnung – im Rückblick den Sachverhalt zur Geltung bringen wollte, »daß Petrus die Sache Jesu keineswegs völlig aufgegeben [hat]…, sondern in irgendeiner Weise bemüht war, den Glauben an ihn durchzuhalten.«[76]

Die Verleugnung Jesu durch Petrus – eine historische Tatsache

Günter Klein spricht sich für die Unhistorizität der Verleugnung des Petrus aus. Er deutet ihre Dreimaligkeit in Mk 14,54.66–72 biographisch im Zusammenhang mit den »Wendepunkten« in der Laufbahn des Petrus: Erst sei er Mitglied des Zwölferkreises, dann Apostel, hernach Mitglied des Säulenkollegiums und schließlich Einzelgänger gewesen.[77] Doch wer hätte dies als *Verrat* deuten können? Wo läßt sich ferner die Gegnerschaft des Petrus lokalisieren, auf welche die Entstehung des Gerüchts einer Verleugnung Jesu durch Petrus doch zurückgeführt werden müßte?

Man wird demgegenüber den alten Vorschlag von Martin Dibelius wieder ins Gespräch bringen müssen, nach dem Petrus selbst von seiner Verleugnung erzählt habe, »aber nicht im Zusammenhang einer Darstellung der Leidensgeschichte, sondern in Verbindung mit seiner Ostererfahrung.«[78]

Darüber hinaus kann man als Parallele darauf verweisen, wie über die Vergangenheit des Paulus und seine gegenwärtige Evangeliumspredigt berichtet wurde. Gal 1,23 heißt es: »Sie hatten nur gehört: Der uns früher verfolgte, der predigt jetzt den Glauben, den er früher zu zerstören suchte.« Dieser Vers ist eine mündliche Überlieferung, die in den durch Paulus verfolgten syrischen Gemeinden umlief und die ebenfalls in den von ihm gegründeten Kirchen bekannt gewesen sein dürfte. Paulus erwähnt ja im Galaterbrief ausdrücklich seine Verfolgertätigkeit (Gal 1,13).

Entsprechend wurde mit Sicherheit auch im Einst-Jetzt-Schema von der Verleugnung des Petrus und seiner Ostererfahrung berichtet. In beiden Fällen handelt es sich offenbar um »Personaltraditionen« mit hohem historischen Wahrheitsgehalt.

Petrus hatte sich in Jerusalem nach der Verhaftung Jesu von seinem Meister distanziert, um sein Leben zu retten. Er war hierin seinen Mitjüngern gleich, die schon vorher die Flucht ergriffen (Mk 14,50). Die Historizität der »Jüngerflucht« ist sicher. Die Jünger Jesu müssen sich von ihm abgewandt haben – sonst wären sie selbst gekreuzigt worden.

Ein anderer Jünger, Judas, hatte sogar bei der Verhaftung Jesu mitgewirkt. Vermutlich bestanden im Jüngerkreis um Jesus beim entscheidenden Gang nach Jerusalem erhebliche Spannungen. Es gärte geradezu. Das »Satanswort« Mk 8,33 (s. o. S. 84) ist zu scharf, um nicht authentisch zu sein und weist auf Spannungen im Verhältnis zwischen Jesus und seinem »ersten« Jünger hin. Es kam zur Katastrophe, und das Zusammensein wurde durch die Hinrichtung Jesu jäh beendet.

Petri Ostererlebnis – ein Stück Trauerarbeit

Im folgenden sei der Versuch unternommen, aufgrund der Geschichte des Petrus und der Tatsache seiner Auferstehungsschau nachzuzeichnen, was sich zwischen Karfreitag und Ostern in seinem Inneren abgespielt haben mag.

Für Petrus ist in der Dramatik der Karfreitags- und Verleugnungssituation die Welt zusammengebrochen. Zu Ostern begegnete dann dem trauernden Petrus trotz seiner Verleugnung Jesu und trotz dessen Tod das Wort Jesu, nämlich das *Vergebungs*wort, noch einmal; er hat ihn »*gesehen*«. Das Wort Jesu wurde von ihm jetzt als etwas Lebendiges erlebt, als Begegnung mit dem ganzen Jesus. Daß sich die Situation des Petrus als Trauergeschehen beschreiben läßt, zeigt ein Vergleich mit Berichten von Trauernden, die gelegentlich auch das Element der bildhaften Vergegenwärtigung des verlorenen geliebten Menschen enthalten.

Yorick Spiegel[79] führt einige Fälle an: »Der Trauernde hört die Schritte des Verstorbenen auf der Treppe, hört den Kies vor dem Haus knirschen und glaubt, die Tür öffne sich: ›Ich sah Kay, wie er innerhalb der Haustür stand. Er sah aus, wie er immer aussah, wenn er von der Arbeit zurückkam. Er lächelte, und ich rannte in seine ausgestreckten Arme, wie ich es sonst immer tat, und lehnte mich gegen seine Brust. Ich öffnete die Augen, und das Bild war verschwunden.‹« (S. 171).

Zudem findet sich neben Halluzinationen und Auditionen fast noch häufiger das Gefühl, der Verstorbene sei präsent. »›Ich habe immer noch das Gefühl, er ist in der Nähe, und da ist irgend etwas, was ich für ihn tun soll oder ihm erzählen soll… Er ist mit mir jederzeit. Ich höre und sehe ihn, obgleich ich weiß, daß er nur eine Vorstellung ist‹; …« (S. 173).

Im Anschluß an seine Beschreibungen führt Spiegel aus, daß zu einer geglückten Trauerarbeit der allmähliche Abschied vom Toten gehöre. Dieser Abschied vollzöge sich in einem *stufenweisen* Verblassen der realen Person und dauere einen individuell unterschiedlich langen Zeitraum.

So betrachtet ist die Trauer des Petrus um den verstorbenen Jesus aber gerade keine geglückte, sondern eine mißglückte Trauerarbeit. Denn Petrus nimmt *nicht allmählich* Abschied und läßt die reale Erscheinung Jesu *nicht* stufenweise verblassen. Er bricht vielmehr den Trauerprozeß abrupt ab, indem er an die Stelle des verstorbenen Jesus ein wirklichkeitsgetreues, lebendiges Bild Jesu setzt. Diese Tatsache könnte man psychoanalytisch so erklären, daß Petrus Jesus unbedingt wieder lebendig machen wollte, weil er seine Trauer nicht aushalten konnte. *Wir stoßen hier auf das gleiche Problem wie später noch bei der Behandlung der Bekehrung des Paulus.*

Es stellt sich aber die Frage, ob diese Deutung dem Geschehen gerecht wird. Um dies zu klären, müssen wir unseren Blick auf weitere Veröffentlichungen zum Thema Trauer richten:

Bei Untersuchungen an der Harvard-Universität über Trauerfälle und damit verbundenem schmerzlichen Verlust[80] ermittelte man drei Faktoren, die eine Trauerarbeit bei Hinterbliebenen *behinderten*: 1. Ein plötzlicher Tod; 2. eine zwiespältige Beziehung zum Verstorbenen, die mit Schuldgefühlen verbunden war; und 3. eine abhängige Beziehung.

Auf die Situation des Petrus und der Jünger angewandt, ist festzustellen, daß alle drei die Trauerarbeit erschwerenden Faktoren auf sie zutreffen: 1. Die Kreuzigung Jesu geschah unvorhergesehen und plötzlich; 2. die Beziehung der Jünger gegenüber Jesus war zwiespältig und von Schuldgefühlen bestimmt: Judas verriet Jesus und beging anschließend Selbstmord. Petrus verleugnete Jesus und weinte bitterlich; 3. eine abhängige Beziehung der Jünger gegenüber Jesus kann darin gesehen werden, daß die meisten Beruf und Heimat verließen, um mit ihm zu ziehen. Die Abhängigkeit wurde vielleicht dadurch noch verstärkt, daß die Jesusanhänger eine kleine religiöse Gruppe darstellten, die sich aus ihren ursprünglichen sozialen Strukturen gelöst und sich damit förmlich von der Außenwelt abgetrennt hatte. Jesus war ihnen ein und alles.

Die durch die drei genannten Faktoren behinderte Trauer wurde bei Petrus durch eine »Schauung« enorm gefördert. Die Trauer führte erst zu einem wirklichen, tieferen Verständnis Jesu, und dieses wiederum verhalf zu einem neuen Verständnis der Trauersituation. Erinnerungen daran, wie Jesus gewesen war, führten zur Erkenntnis, wer Jesus ist. Im Schauen Jesu war damit schon eine ganze Reihe von theologischen Schlußfolgerungen eingeschlossen.

Die Erscheinung vor den Zwölf

Paulus nennt in 1 Kor 15,5 die Erscheinung vor den Zwölfen als zweite Schauung des auferstandenen Christus nach der Erstvision des Petrus. Das Verhältnis beider Erscheinungen zueinander kann auf zweierlei Weise bestimmt werden:

1. Die These, beide Erscheinungen gingen auf *eine* zurück, setzt voraus, daß Paulus ein ursprüngliches »Kephas und den Zwölfen« geändert hätte zu »Kephas, dann den Zwölfen«, und zwar im Hinblick auf die anderen Erscheinungen, die er der Reihenfolge nach anzuführen beabsichtigte. Doch ist eine solche Auffassung nicht wahrscheinlich.

2. Für die Annahme, daß die Erscheinung vor Petrus eine Einzelerscheinung (also ohne die Zwölf) war, sprechen der Wortlaut von 1 Kor 15,5 und die schon oben erwähnte Zurückdrängung der Tradition von der Ersterscheinung vor Petrus. Es ist demnach ziemlich sicher, daß die Erscheinung vor den Zwölfen nicht identisch ist mit derjenigen vor Petrus.

Doch von der Erscheinung vor den Zwölfen existiert im Neuen Testament kein eigener ausdrücklicher Bericht, es sei denn, man setzt Teile von Lk 24 oder Joh 20 dazu in Beziehung. *Damit liegt aber – historisch gesehen – die Auferstehungserscheinung vor den zwölf Jüngern vollkommen im Dunkeln.*

Die Erscheinung vor über 500 Brüdern

Der historische Kern hinter Apg 2,1 – 13

Schon oben (S. 20 ff) wurde angedeutet, daß die Erscheinung vor über 500 Brüdern eine Art Gründungslegende der christlichen Gemeinde darstellen und vielleicht auf das historisch hinter Apg 2 liegende Ereignis (= Pfingsten) zurückgeführt werden könnte. Diese Vermutung ist nicht neu[81], doch hat sie sich wegen »unzureichender Beweise« bisher nicht durchsetzen können. Meines Erachtens wird man jedoch um eine erneute Diskussion dieser These nicht herumkommen. – Ein wichtiger Anhaltspunkt dafür ergibt sich aus folgender Überlegung: Die Erwähnung dieser Auferstehungserscheinung in 1 Kor 15 zeigt, daß sie in weiten Kreisen bekannt war. Es ist dann aber sehr unwahrscheinlich, daß sich von einem solchen Geschehen vor mehr als 500 Menschen jede Spur verloren hat. Zudem betont Paulus, daß die Betroffenen, von denen nur einige gestorben sind, noch befragt werden können. Er setzt also voraus, daß sie eine Zeugenfunktion hatten, die auch für die Christen in Korinth bedeutungsvoll war. Dies spricht für die allgemeine Bedeutung dieses Ereignisses im frühen Christentum.

Im folgenden wollen wir den Text Apg 2,1 – 13 also daraufhin prüfen, ob sich hinter ihm die historische Auferstehungserscheinung »vor mehr als 500 Brüdern« verbergen könnte:

1: Und als der Pfingsttag gekommen war, waren sie alle an einem Ort beieinander.
2: Und plötzlich kam vom Himmel ein Tosen wie von einer jagenden Windsbraut und erfüllte das ganze Haus, in dem sie saßen.

3: Und es erschienen ihnen sich teilende Zungen wie von Feuer; und es setzte sich auf einen jeden von ihnen,

4: und sie wurden alle erfüllt von dem heiligen Geist und fingen an, zu predigen in andern Zungen, wie der Geist ihnen gab auszusprechen.

5: Es wohnten aber in Jerusalem Juden, die waren gottesfürchtige Männer aus allen Völkern unter dem Himmel.

6: Als nun dieses Brausen geschah, kam die Menge zusammen und wurde bestürzt; denn ein jeder hörte sie in seiner eigenen Sprache reden.

7: Sie entsetzten sich aber, verwunderten sich und sprachen: Siehe, sind nicht diese alle, die da reden, aus Galiläa?

8: Wie hören wir denn jeder seine eigene Muttersprache?

9: Parther und Meder und Elamiter und die wir wohnen in Mesopotamien und Judäa, Kappadozien, Pontus und der Provinz Asien,

10: Phrygien und Pamphylien, Ägypten und der Gegend von Kyrene in Libyen und Einwanderer aus Rom,

11: Juden und Judengenossen, Kreter und Araber: wir hören sie in unsern Sprachen von den großen Taten Gottes reden.

12: Sie entsetzten sich aber alle und wurden ratlos und sprachen einer zu dem andern: Was will das werden?

13: Andere aber hatten ihren Spott und sprachen: Sie sind voll von süßem Wein.

In einem Zug gelesen, berichtet der Text von einem Fremdsprachenwunder am Pfingstfest nach Tod und Auferstehung / Himmelfahrt Jesu. Die konkrete Angabe »Pfingsten«[82] deutet auf eine ältere Überlieferung hin. Gleichzeitig lassen einige Spannungen im Text den Schluß auf vorhandene Traditionselemente zu. Denn hätte Lukas ausschließlich selbst formuliert, dann hätte er Ungereimtheiten zu vermeiden gesucht. So stellt sich die Frage, inwieweit Lukas diesen Text selbst schriftstellerisch bearbeitet hat und was ihm vorgegeben war.

Ein Einschnitt im Handlungsablauf ist nach V.4 zu bemerken: Das bisher geschilderte Geschehen spielt sich in einem Haus ab und beschreibt ein »Reden in Zungen«[83]; die nachfolgenden V. 5–13 schildern offenbar ein Fremdsprachenwunder im Freien.

Beide Teile enthalten viele lukanische Sprachelemente: Das Haus als Schauplatz dürfte von Lukas stammen, der dieses Motiv bevorzugt gebraucht. Die Ausdrucksweise von V.2f ist den Gottesoffenbarungen am Sinai angeglichen (vgl. Ex 19,16–19; Dtn 4,11–12). Zu V.3f vgl. man insbesondere Num 11,25; Lukas imitiert auch sonst gerne das griechische Alte Testament. Sein Stil dürfte ferner am siebenmaligen »und« zu erkennen sein, das im Dienst der Berichterstattung steht. Ferner spricht folgende Parallelisierung für lukanische Bearbeitung:

V. 2	V. 3
Und plötzlich kam vom Himmel ein Tosen wie von einer jagenden Windsbraut und erfüllte das ganze Haus, in dem sie saßen.	Und es erschienen ihnen sich teilende Zungen wie von Feuer; und es setzte sich auf einen jeden von ihnen.

Innerhalb des zweiten Teils (V. 5–13) verzögert die Aufzählung V. 9–11 den Fortlauf des Gedankengangs; sie geht wegen der vielen Einzelheiten und ihres Listencharakters sicherlich auf eine Quelle zurück. Da diese Vorlage inhaltlich und sprachlich gut in V. 5–13 eingebunden ist, dürfte dieser ganze Abschnitt in einem Zug von Lukas gestaltet worden sein, wobei das »und« der vorigen Verse 1–4 nun von einen wiederkehrenden »aber« (V. 5.6) 7.12.13. abgelöst wird.

Andere Indizien bestärken den Eindruck einer lukanischen Komposition: Die Verse 2–4 können selbständig bestehen, während die folgenden Verse in den Demonstrativpronomina V. 6a (*dieses* Brausen) und V. 7b (*diese* alle) den Abschnitt V. 1–4 voraussetzen.

Der Vorwurf volltrunkenen Geredes bzw. Lallens V. 13 schließlich paßt so gar nicht zur wundersamen Begabung, in verständlichen Fremdsprachen zu reden; er ist wohl ursprünglich Abschluß von V. 1–4. Denn die Aussage V. 4, daß die Jünger in *anderen* Zungen (= in fremden Sprachen) redeten, scheint auf Lukas selbst zurückzugehen. Streicht man dieses eine Wort jedoch, dann erscheint hinter dem Fremdsprachenwunder, wie es hier beschrieben wird, ein Reden in Zungen (= ein unverständliches Gebrabbel), das demjenigen von 1 Kor 14 entspricht (siehe dazu gleich).

Die in V. 1–4 (und V. 13) erhaltene Tradition, die offenbar mit der konkreten Zeitangabe »Pfingsten« zusammengehört, spricht also ursprünglich von einem ekstatischen Erlebnis der Jesusjünger(innen) in Jerusalem, und erst Lukas hat dies im Sinne eines Fremdsprachenwunders interpretiert.

Es stellt sich nun die Frage, was zu Pfingsten geschehen ist. Daß dem bezeugten Reden in »Zungen« dabei eine zentrale Rolle zukommt, ist klar.

Beantworten läßt sich die Frage vielleicht durch einen Seitenblick auf das durch Paulus selbst bezeugte Phänomen der Zungenrede: Er behauptet von sich in 1 Kor 14,18, mehr in Zungen zu reden als die Korinther, und scheint in 1 Thess 5,19 (»den Geist löscht nicht aus!«)[82] seine Gemeinde zu solcher Rede zu ermuntern.

Nun handelt es sich bei einer Zungenrede im allgemeinen um unverständliches ekstatisches Reden – im Weltbild des Paulus: Die Sprache der Engel (1 Kor 13,1 [vgl. 2 Kor 12,4]) –, zu dem 1 Kor 14 einen anschaulichen Kommentar liefert: Zungenrede ist unverständliches Reden (V. 2.16.23), das aber übersetzbar ist und dann einen erbauenden (V. 4 f.26) und belehrenden (V. 19) Inhalt hat. Entweder übersetzt der Zungenredner selbst (V. 13) oder ein anderes dazu berufenes Gemeindeglied (V. 27).

Ein ähnlicher Vorgang ist in Jerusalem gut denkbar und die Zungenrede, von der die hinter Apg 2,1–4.13 stehende Tradition berichtet, ist historisch durchaus plausibel. Wahrscheinlich fand dieses Ereignis am Pfingstfest nach dem Todespassah statt und dürfte mit der Erscheinung vor mehr als 500 Brüdern (1 Kor 15,6) identisch sein. Die Zahl »500« ist dabei im Sinne von »eine riesige Zahl« zu verstehen.[85] Wer hätte denn nachzählen können?

Die eingangs formulierte These, daß die Erscheinung vor mehr als 500 Brüdern mit dem in Apg 2 bezeichneten Ereignis identisch ist, dürfte damit einigermaßen gesichert sein. Es handelt sich dabei um ein enthusiastisches Erlebnis einer großen Menge von Menschen, die als Begegnung mit Christus aufgefaßt wurde. Angesichts des ungewöhnlichen Charakters einer solchen Begebenheit wird man es für gut möglich halten, daß damit in der Tat, wie es Lukas schildert, die Geburtsstunde der Kirche zu bezeichnen ist. Als Ort kommt dafür dann Jerusalem in Frage, weil vor allem hier die Bedingungen für ein Zusammentreffen von so vielen Menschen – z. B. bei einem Fest – gegeben waren.

Die Erscheinung vor über 500 Brüdern – eine Massenpsychose

Wie ist eine solche Erscheinung vor »mehr als 500 Brüdern« konkret vorzustellen? Ähnliche Hinweise auf den historischen Kontext, wie sie bei Petrus und Paulus bezüglich ihrer Vergangenheit als Verständnishilfe gegeben sind, liegen in diesem Fall nicht vor. Vielleicht helfen Anleihen bei der Forschung zur Massenpsychologie hier weiter.

Gustav Le Bon[86] hat vor 90 Jahren folgende Erkenntnis gewonnen: Menschen unterschieden sich voneinander *am meisten* bezüglich der Intelligenz, der Moralität, der Ideen und *am wenigsten* bezüglich der tierischen Instinkte und Emotionen. Daher sei die Macht der Masse umso größer, je mehr ihre Mitglieder sich unter Zurückdrängung ihrer Individualität einander ähnelten. Sie besäßen dann eine Art Gemeinschaftsseele, in der sich die Verstandesfähigkeit und Persönlichkeit der einzelnen verwischten und die unbewußten Eigenschaften überwögen (S. 13 f). Le Bon beobachtet weiter: »Die Massen befinden sich ungefähr in der Lage eines Schläfers, dessen Denkvermögen im Augenblick aufgehoben ist, so daß in seinem Geist Bilder von äußerster Heftigkeit aufsteigen, die sich aber schnell verflüchtigen würden, wenn die Überlegung mitzureden hätte« (S. 43). Alles, was die Phantasie der Massen errege, erscheine in der Form eines packenden, klaren Bildes, das frei sei von jeglichem Deutungszubehör (S. 44). Man könne dabei geradezu von einem ansteckenden Einfluß der Glieder einer Masse untereinander sprechen.[87]

Le Bon führt folgendes anschauliches Beispiel für einen solchen ansteckenden Einfluß an: »Bevor der Heilige Georg allen Kreuzfahrern auf den

Mauern von Jerusalem erschien, war er sicher zuerst nur von einem von ihnen wahrgenommen worden. Durch Beeinflussung und Übertragung wurde das gemeldete Wunder sofort von allen angenommen. So vollzieht sich der Vorgang von Kollektivhalluzinationen, die in der Geschichte so häufig sind und klassische Merkmale der Echtheit zu haben scheinen, da es sich hier um Erscheinungen handelt, die von Tausenden von Menschen festgestellt wurden.« (S. 23 f).

Es handelt sich bei allen solchen Massenphänomenen um psychische Vorgänge, über deren Bedeutung und Wahrheitsgehalt damit allerdings noch nichts ausgesagt ist. Wie Gottes Wort z. B. in menschlicher Rede erscheinen kann, ohne darin aufzugehen, so mag auch ein psychisches Geschehen der menschliche Ort einer Erscheinung göttlichen Geistes sein. Historie bzw. Psychologie und Theologie haben Bezüge zueinander, da sie selbst sich auf verschiedene Aspekte der einen Wirklichkeit beziehen, sind aber nicht aufeinander reduzierbar. Hier geht es vorerst um den historischen Aspekt.

Was zu Pfingsten geschah

Die Erscheinung vor »mehr als 500« als historisches Phänomen läßt sich plausibel als Massenekstase vertreten, die in der Frühzeit der Gemeinde stattfand. Aus massenpsychologischer Sicht dürften Auslöser für eine solche Ekstase einzelne Personen oder ein einzelner Mensch gewesen sein. Das fügt sich wiederum gut in das bisher Erarbeitete ein, wonach zumindest eine Ersterscheinung vor Petrus (und den Zwölfen) stattgefunden hatte: Petrus hatte den gekreuzigten Jesus lebendig gesehen (ebenso die Zwölf). Sie erzählten davon z. B. auch bei dem nächsten großen Fest (nach dem Todespassah Jesu) in Jerusalem, dem jüdischen Wochenfest (= Pfingsten), auf dem viele Festpilger zusammen waren. Ein solches Fest ermöglicht ja erst die Erscheinung vor einer größeren Anzahl von Menschen. *Diese Predigt und allgemeine Erinnerungen an Jesus führten zu einem religiösen Rausch und einer Begeisterung, die als Gegenwart Jesu erfahren wurde, und zwar als Präsenz des Auferstandenen, wie er bereits Petrus begegnet war. Die Erscheinung vor den »mehr als 500«, bei der auch bisherige Visionsempfänger anwesend waren, bündelte und bestätigte alle bisherigen Einzelerscheinungen und verlieh der Gruppe damit einen Kraftschub ohnegleichen.* [88]

Lukas hat dann davon im Rückblick – historisch zutreffend – als von der »Geburtsstunde der Kirche« gesprochen und – ebenfalls theologisch zu Recht – die Ekstase als Fähigkeit interpretiert, verständlich in fremden Sprachen zu reden. Denn die von Jesus vergegenwärtigte Botschaft ging alle Menschen etwas an. Wäre man in Ekstase und Rausch verblieben, so hätte das Christentum keine Überlebenschance gehabt und sich nicht behaupten können. Es wäre aber auch, theologisch gesprochen, seinem Auftrag nicht treu geblieben, Gottes heilsames Wort den Menschen in verständlicher Sprache mitzuteilen.

Daß die Ereignisse nur so und nicht anders abgelaufen sein können, wird hier nicht behauptet. Wohl aber wird beansprucht, daß diese Überlegungen eine den Quellen und den daraus ableitbaren Folgerungen angemessene historische Vorstellung des Geschehenen entwickelt haben.

Die Erscheinung vor Jakobus (und allen Aposteln[89])

Außer bei Paulus im 1. Korintherbrief wird eine Erscheinung des Auferstandenen vor seinem Bruder Jakobus nirgends im Neuen Testament erwähnt. Allerdings wird sie im Hebräerevangelium[90] wie folgt beschrieben:

>»Als aber der Herr das Leintuch dem Knecht des Priesters gegeben hatte, ging er zu Jakobus und erschien ihm. Jakobus hatte nämlich geschworen, er werde kein Brot mehr essen von jener Stunde an, in der er den Kelch des Herrn getrunken hatte, bis er ihn von den Entschlafenen auferstanden sähe. Und kurz darauf sagte der Herr: Bringt einen Tisch und Brot! Und sogleich wird hinzugefügt: Er nahm das Brot, segnete es und brach es und gab es Jakobus dem Gerechten und sprach zu ihm: ›Mein Bruder, iß dein Brot, denn der Menschensohn ist von den Entschlafenen auferstanden‹.«[91]

Der Text enthält folgende Besonderheiten hinsichtlich der Person des Jakobus: a) Jakobus ist der erste Auferstehungszeuge; b) Jakobus gehörte bereits *vor* Ostern zur Gemeinde; c) zentraler Punkt des Textes ist die Entbindung des Jakobus von einem Gelübde und nicht die Realität der Auferstehung Jesu bzw. eine Erscheinung Christi. Vielleicht ist dabei das Gelübde dem Versprechen des Petrus, mit seinem Herrn in den Tod zu gehen (Mk 14,31), nachgebildet. Damit, daß Jakobus das Gelübde einhielt, während Petrus es ja bekanntlich gebrochen hat, wäre das Erstzeugnis betont dem Jakobus zugeschrieben. d) Von einer *direkten* Rivalität zu anderen Aposteln oder Petrus ist freilich im Text trotz c) wenig zu spüren; weder Petrus noch andere Jünger werden erwähnt.

Diese Aussagen sind bereits ein weites Stück von der historischen Wirklichkeit entfernt: Jakobus (nicht Jesus) steht im Mittelpunkt, und die Tatsache, daß er zu Lebzeiten Jesu nicht zum Jüngerkreis gehörte, ist vergessen.

Überdies ist der Bericht erst spät bezeugt. Ihm liegt eine neutestamentliche Abendmahlstradition zugrunde, die in eine Personenlegende zur Verherrlichung des Jakobus umgewandelt worden ist. Der Text enthält, außer der bloßen Tatsache der Erscheinung Jesu vor Jakobus, keinerlei zuverlässige Informationen. Er diente Jakobusverehrern der zweiten und dritten Generation dazu, die Ersterscheinung des Jakobus gegenüber Kephas / Petrus zu behaupten.[92]

Aus alledem folgt: Der Bericht des Hebräerevangeliums ist auf der Grundlage der bereits bestehenden Traditionen von Erscheinungen nachträglich ausgebildet worden und geht sicher nicht auf den Berichterstatter Jakobus oder auf seine unmittelbaren Anhänger zurück. Er ist ausschließlich ein literarisches Produkt und hat keine Beziehung zur eigentlichen, geschichtlichen Schau des Jakobus.

Über die historischen Hintergründe dieser Einzelvision, die eine Art Bekehrung des Jakobus dargestellt haben muß, sind nur vage Vermutungen möglich. Wegen 1 Kor 15,7 steht fest, daß Jakobus seinen Bruder »gesehen« hat. Das kann aber zunächst durchaus im Rahmen der mehr als 500 Brüder gewesen sein, worauf dann eventuell noch eine Einzelvision folgte. Zu beachten ist, daß Jakobus zu Lebzeiten Jesu keine religiöse Bindung an seinen Bruder hatte. Die Voraussetzungen für eine Vision waren daher *anders* als bei Petrus. Daß Jakobus später Leiter der Urgemeinde wurde, hat mehr mit seiner Familienzugehörigkeit zu tun, denn in der Antike dachte man familienpolitisch. Entsprechend wurde Symeon, auch ein Verwandter Jesu, später der Nachfolger des Jakobus auf dem »Jerusalemer Bischofsstuhl« (vgl. oben S. 45).[93]

Die Erscheinung vor Paulus

Paulus selbst beschreibt nirgends konkret, wie er die Erscheinung des auferweckten Jesus wirklich erlebt hat. Er setzt das, was ihm einst auf seinem Weg nach Damaskus widerfuhr, immer schon voraus. Erst durch diese Erscheinung wurde er zur Mission an den Heiden beauftragt und so ein für allemal in seinem Handeln legitimiert.

In folgenden Texten erwähnt Paulus sein Christuserlebnis: 1 Kor 9,1; Gal 1,15 f; Phil 3,8; 2 Kor 4,6. Wir werden die Stellen der Paulusbriefe der Reihe nach behandeln. Dabei ist davon auszugehen, daß in diesen Rückblicken des Paulus nach über 20 Jahren und trotz aktueller Probleme in den Gemeinden, die zusätzlich die zurückschauenden Äußerungen über die Bekehrung beeinflußt haben dürften, einige Merkmale des Ereignisses herausgearbeitet werden können.

1 Kor 9,1

Paulus spricht in 1 Kor 9,1 davon, daß er Jesus *gesehen* habe (vgl. Joh 20,18.25).

> *1:* Bin ich nicht frei? Bin ich nicht ein Apostel? Habe ich nicht Jesus, unsern Herrn, gesehen? Seid ihr nicht mein Werk in dem Herrn?

Dabei verwendet er eine Aktivform von »sehen«. Er drückt also denselben Sachverhalt wie 1 Kor 15,8 als eigene *aktive sinnliche Wahrnehmung* aus, ohne auf mögliche Erscheinungs- bzw. Legitimationsformeln zurückzugreifen. Paulus behauptet damit die *Sichtbarkeit* des in 1 Kor 15,8 erwähnten Phänomens. 1 Kor 9,1 ist dann die *aktive Wahrnehmung Jesu*, zu der die Erscheinung in 1 Kor 15,8 die Voraussetzung ist.

Meines Erachtens ist sicher, daß der Apostel *hier* an eine Schau Jesu in seiner Auferstehungsleiblichkeit denkt. Sonst wäre schwer verständlich, warum sich Paulus für die Gewißheit der *leiblichen* Auferstehung auf »sehen« (1 Kor 15,4 ff) berufen konnte. In welchem Verhältnis dieser neue Leib zum alten menschlichen Körper steht, sei dahingestellt. Wichtig ist nur, daß Paulus die beiden nicht gleichsetzt. Deshalb spricht er in 1 Kor 15,35–49 von einem *zukünftigen* Auferstehungsleib der Christen. Ebenso dürfte Paulus auch einen (verwandelten) Auferstehungsleib Jesu angenommen haben, um so mehr, als für Paulus gilt: wie Christus, so die Christen (vgl. 1 Kor 15,49; Phil 3,21).

Gal 1,15 f

Im Galaterbrief benutzt Paulus zur Beschreibung derselben Erscheinung ein anderes Verb. In Gal 1,15 f schreibt er:

> *15:* Als es aber Gott wohlgefiel, der mich von meiner Mutter Leib an ausgesondert und durch seine Gnade berufen hat,
> *16:* daß er seinen Sohn offenbarte in mir, damit ich ihn durchs Evangelium verkündigen sollte unter den Heiden, …

Also hat *Gott* als der Handelnde in/ an Paulus seinen Sohn »*offenbart*«. Diese Aussage dürfte sich auf ein *bestimmtes* Ereignis beziehen. Dabei stellt V. 12 (»Denn ich habe es nicht von einem Menschen empfangen oder gelernt, sondern durch eine Offenbarung Jesu Christi«) in Verbindung mit V. 16 klar, daß der Inhalt des Geschehens eine Offenbarung war, die Christus entweder zum Gegenstand oder zum Urheber hatte. Jedenfalls paßt das Motiv der Offenbarung zu dem des Sehens in 1 Kor 9,1 und zu seiner Voraussetzung, der Erscheinung in 1 Kor 15,8.

Dabei schließen die Begriffe »Offenbarung« und »Erscheinung« bzw. »sehen« einander nicht aus. »Offenbarung« bezeichnet eine Erfahrung in *religiöser* Hinsicht als gottunmittelbar, »Erscheinung« beschreibt sie in ihrer *räumlichen* Hinsicht. Durch den Wechsel in der Wortwahl betont Paulus *verschiedene Aspekte derselben Sache.*

In Phil 3,8 spricht Paulus wiederum von seinem »Erscheinungserlebnis«:

> *7:* Aber was mir Gewinn war, das habe ich um Christi willen für Schaden erachtet.
>
> *8:* Ja, ich erachte es noch alles für Schaden gegenüber der überschwenglichen Erkenntnis Christi Jesu, meines Herrn. Um seinetwillen ist mir das alles ein Schaden geworden, und ich erachte es für Dreck, damit ich Christus gewinne…

Der Apostel spricht hier von der »Erkenntnis« Christi, die ihn dazu geführt habe, sein bisheriges Leben für »Dreck« zu halten. Der ganze Abschnitt (V. 2 – 11) ist stark polemisch. Paulus betont, ähnlich wie schon in Gal 1,13 f, sein einwandfreies Verhalten als Jude (V. 4 – 6) und unterscheidet davon die ihm durch die Erkenntnis Christi eröffnete Gerechtigkeit aus dem Glauben (V. 9). So liegt hier wiederum eine theologische Ausdeutung der Christuserscheinung bei Damaskus vor und nur eine spärliche Beschreibung dessen, was damals *wirklich* geschah. Es trifft historisch also nicht zu, wie verschiedentlich behauptet wird, daß das visionäre Element in Phil 3 fehle. Die im historischen Rahmen zu stellende Frage ist doch, ob das an anderen Stellen bezeugte visionäre Element der Offenbarung hier *ausgeschlossen* wird. Davon kann aber keine Rede sein: 1 Kor 9,1 (Paulus sieht den auferstandenen Jesus) erklärt, wie die polemischen Aussagen von Phil 3,4 ff historisch verstanden werden können.

2 Kor 4,6

Schließlich findet sich in 2 Kor 4,6 noch ein möglicher Bezug auf die Christuserscheinung:

> *6:* Denn Gott, der sprach: Licht soll aus der Finsternis hervorleuchten, der hat einen hellen Schein in unsre Herzen gegeben, daß durch uns entstünde die Erleuchtung zur Erkenntnis der Herrlichkeit Gottes in dem Angesicht Jesu Christi.

Sollte sich diese Stelle auf die Bekehrung beziehen, was zugegebenermaßen unsicher ist, so wäre es wahrscheinlich, daß Paulus bei seiner Bekehrung Christus in einer Lichtgestalt gesehen hat. Dies würde zu den Ausführungen in 1 Kor 15,49 über den himmlischen Menschen passen (»wie wir getragen haben das Bild des irdischen, so werden wir auch tragen das Bild des himmlischen«). Paulus würde dann seine Schau Christi mit der Lichtwerdung am Schöpfungsmorgen parallelisieren, um auszudrücken, was ihm widerfuhr.

*»Jesus erschien Paulus« heißt also konkret: Paulus hat den auferstande-
nen Jesus in seiner Herrlichkeit gesehen, wobei eine innere Schau der äußeren Schau nicht zu widersprechen braucht.* Diese Schau wurde als außeror-
dentliches Geschehen und als Offenbarung empfunden. Dies wird durch
den »Lichtcharakter« des Geschehens ausgedrückt. Wie die Vision des Se-
hers Johannes (Apk 1,10) vollzog es sich im Geist, d.h. in Verzückung/
Ekstase.[94] In ihm schlossen sich »sehen« und »hören« nicht aus.

Soweit unsere vorläufige Beschreibung der Erscheinung vor Paulus. Aufgrund der oben S. 79 f festgestellten Gleichsetzung aller Personen, die nach
den anderen Traditionen in 1 Kor 15,3 ff eine Erscheinung des Auferstandenen empfangen haben, heißt das: *Auch die dort genannten Personen haben
den auferstandenen Jesus gesehen.*

Die Auferstehungserscheinung vor Paulus nach Apg 9; 22; 26

Nicht nur in den paulinischen Briefen wird die Erscheinung vor Paulus
erwähnt. Auch in der Apostelgeschichte finden sich Passagen, die ausführ-
licher über diese Erscheinung berichten, die für Paulus zum Bekehrungserlebnis wurde. Doch bei ihrer Verwendung zur Erhellung der Ereignisse
muß man sehr kritisch vorgehen.

Die Apostelgeschichte entstand relativ spät (um 90). Ihr Verfasser, derselbe wie der des Lukasevangeliums, betont die Kontinuität zwischen dem
Anfang im palästinischen Judenchristentum und der eigenen heidenchrist-
lichen Gemeindesituation. Er bietet daher eine heilsgeschichtlich orien-
tierte, auf weltweite Heidenmission abzielende Darstellung. Dabei wurden
Zusammenhänge geschönt und Ereignisse harmonisiert. Trotzdem ist der
geschichtliche Wert der in der Apostelgeschichte verarbeiteten Traditionen
hoch. Allerdings ist sorgfältige exegetische Arbeit nötig, um ihre Traditionen verwenden zu können.

In unserem Zusammenhang müssen deshalb immer die paulinischen
Briefe zur Überprüfung der Aussagen der Apostelgeschichte zu Rate gezogen werden. Würden diese durch die authentischen Zeugnisse der Briefe
bestätigt, so hätten wir eine breitere Basis, um die Erscheinung des Auferstandenen vor Damaskus näher zu bestimmen.

Die Apostelgeschichte berichtet an drei Stellen von der Bekehrung des
Paulus/Saulus.[95] Ihre Zusammengehörigkeit wird bei einem Vergleich
deutlich. Apg 9 (mit 8,3) liegt ein Bericht in der 3. Person vor, Apg 22 und
26 in der 1. Person: Paulus hält 22,3–16 die Tempelrede vor Landsleuten,
26,9–18 spricht er zu Agrippa, Festus und Bernike.

8,3 Saulus aber suchte die Gemeinde zu zerstören, ging von Haus zu Haus, schleppte Männer und Frauen fort und warf sie ins Gefängnis.

9,1 Saulus aber schnaubte noch mit Drohen und Morden gegen die Jünger des Herrn

22,4 Ich habe die neue Lehre verfolgt bis auf den Tod;

ich band Männer und Frauen und warf sie ins Gefängnis,

26,9 Zwar meinte auch ich selbst, ich müßte viel gegen den Namen Jesu des Nazareners tun. **10** Das habe ich in Jerusalem auch getan; dort brachte ich viele Heilige ins Gefängnis,

5 wie mir auch der Hohepriester und alle Ältesten bezeugen.

wozu ich Vollmacht von den Hohenpriestern empfangen hatte. Und wenn sie getötet werden sollten, gab ich meine Stimme dazu. **11** Und in allen Synagogen zwang ich sie oft durch Strafen zur Lästerung, und ich wütete maßlos gegen sie, verfolgte sie auch bis in die fremden Städte.

und ging zum Hohenpriester **2** und bat ihn um Briefe nach Damaskus an die Synagogen, damit er Anhänger des neuen Weges, Männer und Frauen, wenn er

Von ihnen empfing ich auch Briefe an die Brüder und reiste nach Damaskus, um auch die, die dort waren,

12 Als ich nun nach Damaskus reiste mit Vollmacht und im Auftrag der Hohepriester,

sie dort fände, gefesselt nach Jerusalem führe.

gefesselt nach Jerusalem zu führen, damit sie bestraft würden. **6** Es geschah aber,

3 Als er aber auf dem Wege war und in die Nähe von Damaskus

als ich dorthin zog und in die Nähe von Damaskus kam, da um-

Nähe von Damaskus kam, umleuchtete ihn plötzlich	maskus kam, da umleuchtete mich plötzlich um die Mittagszeit	
		13 sah ich mitten am Tage, o König, auf dem Weg ein Licht vom Himmel, heller als der Glanz der Sonne, das mich und die mit mir reisten umleuchtete.
ein Licht vom Himmel;	ein großes Licht vom Himmel.	
4 und er fiel auf die Erde und hörte eine Stimme,	*7* Und ich fiel zu Boden und hörte eine Stimme,	*14* Als wir aber alle zu Boden stürzten, hörte ich eine Stimme zu mir reden,
die sprach zu ihm:	die sprach zu mir:	die sprach auf hebräisch:
Saul, Saul, was verfolgst du mich?	Saul, Saul, was verfolgst du mich?	Saul, Saul, was verfolgst du mich? Es wird dir schwer sein, wider den Stachel zu löcken.
5 Er aber sprach: Herr, wer bist du? Der sprach: Ich bin Jesus,	*8* Ich antwortete aber: Herr, wer bist du? Und er sprach zu mir: Ich bin Jesus der Nazarener,	*15* Ich aber sprach: Herr, wer bist du? Der Herr sprach: Ich bin Jesus,
den du verfolgst.	den du verfolgst.	den du verfolgst;
7 Die Männer aber, die seine Gefährten waren, standen sprachlos da; denn sie hörten zwar die Stimme, aber sahen niemanden.	*9* Die aber mit mir waren, sahen zwar das Licht, aber die Stimme dessen, der mit mir redete, hörten sie nicht. *10* Ich fragte aber: Herr, was soll ich tun? Und der Herr sprach zu mir:	
(6 Steh auf und geh in die Stadt; da wird man dir sagen, was du tun sollst.)	Steh auf und geh nach Damaskus. Dort wird man dir alles sagen, was dir zu tun aufgetragen ist.	*16* steh nun auf und stell dich auf deine Füße.

8 Saulus aber richtete sich auf von der Erde; und als er seine Augen aufschlug, sah er nichts.	*11* Als ich aber, geblendet von der Klarheit des Lichtes, nicht sehen konnte,
Sie nahmen ihn aber bei der Hand und führten ihn nach Damaskus; *9* und er konnte drei Tage nicht sehen und aß nicht und trank nicht.	wurde ich an der Hand geleitet von denen, die bei mir waren, und kam nach Damaskus.

----

10 Es war aber ein Jünger in Damaskus	*12* Da war aber ein gottesfürchtiger Mann, der sich an das Gesetz hielt,
mit Namen Hananias;	mit Namen Hananias, der einen guten Ruf bei allen Juden hatte, die dort wohnten.
dem erschien der Herr und sprach: Hananias! Und er sprach: Hier bin ich, Herr. *11* Der Herr sprach zu ihm: Steh auf und geh in die Straße, die die Gerade heißt, und frage in dem Haus des Judas nach einem Mann mit Namen Saulus von Tarsus. Denn siehe, er betet *12* und hat in einer Erscheinung einen Mann gesehen mit Namen Hananias, der zu ihm hereinkam und die Hand auf ihn legte, damit er wieder sehend werde.	

13 Hananias aber ant-
wortete: Herr, ich
habe von vielen gehört
über diesen Mann, wie-
viel Böses er deinen
Heiligen in Jerusalem
angetan hat; *14* und
hier hat er Vollmacht
von den Hohenprie-
stern, alle gefangenzu-
nehmen, die deinen
Namen anrufen.
15 Doch der Herr
sprach zu ihm:
Geh hin; denn dieser
ist mein ausgewähltes
Werkzeug,

*(14 Er aber sprach: Der
Gott unserer Väter hat
dich erwählt, daß du
seinen Willen erkennen
sollst und den Gerech-
ten sehen und die
Stimme aus seinen
Mund hören: 15 denn
du wirst für ihn
vor allen Menschen
Zeuge sein von dem,
was du gesehen und
gehört hast.)*

Denn dazu bin ich dir
erschienen, um dich zu
erwählen zum Diener

und zum Zeugen für
das, was du von mir ge-
sehen hast und was ich
dir noch zeigen will.
17 Und ich will dich
erretten von deinem
Volk und von den Hei-
den, zu denen ich dich
sende, *18* um ihnen die
Augen aufzutun, daß
sie sich bekehren von
der Finsternis zum
Licht und von der Ge-
walt des Satans zu
Gott. So werden sie
Vergebung der Sünden

daß er meinen Namen
trage vor Heiden und
vor Könige und vor das
Volk Israel.

		empfangen und das Erbteil samt denen, die geheiligt sind durch den Glauben an mich.
16 Ich will ihm zeigen, wieviel er leiden muß um meines Namens willen.		
17 Und Hananias ging hin und kam in das Haus und legte die Hände auf ihn und sprach: Lieber Bruder Saul, der Herr hat mich gesandt, Jesus, der dir auf dem Wege hierher erschienen ist, daß du wieder sehend und mit dem heiligen Geist erfüllt werdest.	*13* Der kam zu mir, trat vor mich hin und sprach zu mir: Saul, lieber Bruder, sei wieder sehend.	
18 Und sogleich fiel es von seinen Augen wie Schuppen, und er wurde wieder sehend:	Und zu selben Stunde konnte ich ihn sehen. *16* Und nun, was zögerst du?	
stand auf,	Steh auf und rufe seinen Namen an	
ließ sich taufen,	und laß dich taufen	
19 und nahm Speise zu sich und stärkte sich.	und deine Sünden abwaschen.	

Alle drei Stellen sagen aus, Saulus habe Christen gefangengenommen (Apg. 8,3; 22,4; 26,9–11), wobei in Apg. 26 diese Aussage noch gesteigert wird: Die Verfolgungsaktionen des Saulus werden bis auf entfernte Städte ausgedehnt (26,11 b). In allen Berichten ist jeweils von Briefen die Rede, die Saulus vom Hohenpriester erbittet (9,2) bzw. erhalten hat (22,5 b; 26,12), um auch in Damaskus Christen verfolgen zu können.

Die eigentliche Erscheinung wird in *9,3–9*, *22,6–11* und *26,12–16a* erwähnt. Wir benutzen Apg 9 als Haupttext zum Vergleich mit den beiden anderen Berichten, weil dieser am ausführlichsten ist:

9,1–2 stellt die Einleitung zur folgenden Erscheinungserzählung dar. Nach seiner Beteiligung an der Steinigung des Stephanus (7,58; 8,1 a) und der anschließenden erfolgreichen Christenverfolgung (8,3) – beide Episoden wurden von Lukas gebildet – will Saulus seine »Christenjagd« geographisch ausdehnen. Auf dem Weg nach Damaskus ereignet sich dann die Christuserscheinung. Damit ist geschickt ein Kontrast zwischen dem eifrigen Christenverfolger und dem Bekehrten geschaffen.

9,3 stimmt bis in die Wortwahl mit 22,6 überein. Der Vers besitzt jedoch keine Zeitangabe, während 22,6 von »um den Mittag« und 26,13 ähnlich von »mitten am Tage« sprechen. Dabei geht die Einführung V. 3a (»als er auf dem Wege war«) auf Lukas zurück, der in Apg 10,9; Lk 18,35; 19,29 ähnlich eine Episode einleitet.

Die Erscheinung vor Saulus wird in allen drei Berichten als Licht bezeichnet. 26,13 steigert wiederum (daher auch die Erwähnung der Mittagszeit): Das Licht sei heller gewesen als der Sonnenglanz. 9,3 und 22,6 umstrahlt das Licht (nur) Saulus, in 26,13 Saulus und seine Begleiter. 9,3 und 22,6 lassen die Erscheinung »plötzlich« geschehen sein.

Die Verse 4b–6 mögen als Erscheinungsgespräch bezeichnet werden, das innerhalb der drei Berichte von der Bekehrung des Saulus noch in 22,7–10/26,14–16 vorliegt und im Alten Testament Entsprechungen hat: Gen 31,11–13; 46,2f; Ex 3,2–10. Die alttestamentlichen »Erscheinungsgespräche« sind jeweils dreigliedrig aufgebaut:

1. Anrede bzw. Anruf,
2. Antwort,
3. Selbstvorstellung mit Auftrag.

Es ist wahrscheinlich, daß diese Form hier von Lukas *nachgeahmt* worden ist: Er benutzt die dreigliedrige Form auch sonst. Daß sie tatsächlich von Lukas selbst stammt, wird durch zwei weitere Gründe erhärtet: 1. V. 4b–6 wären für die Handlung entbehrlich; 2. Lukas hat eine Vorliebe, Szenen durch Dialoge zu gestalten.

Nach 9,4 und 22,7 fällt Saulus zu Boden, in 26,14 auch seine Begleiter. Alle drei Erzählungen stimmen darin überein, daß Saulus eine Stimme hört, die zu ihm sagt: »Saul, Saul, was verfolgst du mich?« Diese Verdoppelung geht auf Lukas zurück und hat eine Entsprechung in der Anrede von Lk 8,24 (anders Markus), 10,41 und 22,31.

26,14 bietet demgegenüber zwei interessante Zusätze: 1. Die Stimme spricht in hebräischer Sprache; 2. Die Frage an Saulus, warum er den Sprecher verfolgt, wird durch eine Feststellung ergänzt (»Es wird dir schwer sein, wider den Stachel zu löcken«). Diese beiden Zusätze sind lukanische Erweiterungen. Die *erste* Hinzufügung (das Sprechen in hebräischer Sprache) soll dem Leser der Apostelgeschichte die *hebräische* Namensform »Saul« erklären, die in allen drei Versionen zu finden ist. Zu der hebräischen Sprache paßt dann freilich schlecht, daß im *zweiten* Zusatz der Verfolgte ein *griechisches* Sprichwort zitiert. Hier redet in Wirklichkeit der

Schriftsteller Lukas, der einerseits inhaltlich zum Ausdruck bringen will, daß Saulus Jesus vollkommen ausgeliefert ist, und andererseits seine eigene Belesenheit unter Beweis stellen möchte.

9,5 stimmt fast völlig mit den Parallelen 22,8 und 26,15 überein.

9,6 entspricht 22,10. 26,16 enthält dagegen nur einen Befehl aufzustehen und beschreibt sofort den eigentlichen Verkündigungsauftrag an Saulus, den die Parallelversionen erst später bringen (in 9,15 und 22,15). Für die folgenden Verse können daher nur 9,7–9 und 22,9–11 miteinander verglichen werden.

Die Aussage in 9,7, daß die Mitreisenden die Stimme hörten, nicht aber das Licht sahen, steht *im Gegensatz* zu 22,9, wo es genau umgekehrt heißt, die Begleiter hätten zwar das Licht gesehen, aber nicht die Stimme gehört.

9,8 entspricht 22,11.

9,9 hat keine Parallele in 22. Die Bemerkung, Saulus habe *drei Tage* nichts sehen können und nicht gegessen und getrunken, ist vielleicht eine Hinzufügung. Auf jeden Fall ist »drei« eine symbolträchtige (lukanische) Zahl.

In *9,10–17* wird eine Christusvision des Hananias als Vorgeschichte zu seiner späteren Begegnung mit Saulus geschildert. Für Lukas ist eine Vision als Kundgabe göttlicher Entscheidungen ein wichtiges schriftstellerisches Mittel (vgl. z. B. Apg 10f; 16,9f; 18,9f). Die Einführung des Hananias geschieht dabei in lukanischer Sprache (vgl. Lk 10,38; 16,20, Apg 5,1; 8,9; 10,1 u.ö.).

In Kap. 22,12 wird Hananias dagegen nur kurz vorgestellt. Im unmittelbaren Anschluß daran geschieht die Heilung des Saulus (V.13), die in Kap. 9 erst im späteren V.17 erzählt wird. Die Einführung des Hananias in 22,12 ohne nähere Erläuterung der Vorgeschichte ist abrupt und nur deswegen erzähltechnisch möglich, weil die Leser bereits in Kap. 9 etwas über ihn erfahren haben. Kap. 22 bezieht sich also auf Kap. 9. zurück. Kap. 26 setzt die Verkürzung des Berichts weiter fort und übergeht die Hananiasepisode vollkommen.

Ebenso wie in der vorangehenden Erzählung von Philippus und dem äthiopischen Eunuchen (8,26–40) und der Korneliusgeschichte (Apg 10), werden hier in 9,10–16 die Handlungen zweier Personen durch Erscheinungen miteinander verwoben. Es dürfte damit klar sein, daß der Handlungsfortgang in diesem Abschnitt der Apostelgeschichte als zunehmend durch göttliche Eingriffe bestimmt dargestellt wird. Die genannten drei Geschichten wurden von Lukas also *in Form einer Steigerung* zusammengeordnet.

9,15–16 hat eine Parallele in 22,14–15 und 26,16b. Doch werden unterschiedliche Akzente deutlich: 9,15 bezeichnet Saulus als »auserwähltes Werkzeug« des Herrn zur Mission und begründet in V.16 diese Aussage: Saulus wird als künftiger Märtyrer bezeichnet.

Der Befund in Kap. 22 und bes. 26 ist hiervon verschieden: 22,14 hat ein anderes Subjekt als 9,15: *Gott* hat Saulus auserwählt. Der zweite Teil von 22,14 hat keine Parallele in 9,15 oder 26,16. Doch liegt mit 26,16 bezüglich des Sehens/Erscheinens Jesu eine Entsprechung vor.

9,17–19 schildert die Heilung des Saulus durch Hananias, die in Kap. 22 bereits in V. 13 berichtet wurde.

Über Kap. 9 hinaus liegt in *22,15* eine enge Parallele zu 26,16b vor: Saulus ist nach beiden Fassungen *ein Zeuge*. Die besondere Aufgabe des Zeugen wird in 26,17–18 entfaltet (ohne Parallele in Kap. 22). Hier wird die Berufung des Saulus zum Heidenmissionar ausgedrückt, ein Thema, das in Kap. 9 wohl nicht und in Kap. 22,1–16 erst indirekt enthalten ist.

Alle drei betrachteten Erscheinungsberichte vor Paulus gehören zusammen. Auf der entstehungsgeschichtlichen Ebene setzt der zweite Bericht in 22,12 den ersten ebenso voraus, wie die dritte Fassung (26,9 ff) sich als Verkürzung der beiden vorangehenden verstehen läßt. In der dritten Version ist der Gegensatz zwischen der vorchristlichen und der christlichen Zeit des Paulus gesteigert (man vgl. die Ausmalung der Verfolgungsaktion des Paulus) und die Bekehrung von Apg 9 als Berufung zur Heidenmission aufgefaßt.

Im folgenden befassen wir uns deshalb nur mit dem ersten und ausführlichsten Text Apg 9. Die beiden Parallelberichte Apg 22 und Apg 26 liefern darüber hinaus keine weiteren Erkentnisse.

A) Die Tradition hinter Apg 9,3–8

Es ist zu berücksichtigen, daß V. 4b–6 in dieser Form gewiß von Lukas stammen, in der Grundlage aber möglicherweise auf Tradition zurückgehen. Zudem bleibt unsicher, ob Elemente der Tradition von Lukas getilgt worden sind. Doch folgende Traditionselemente lassen sich sicher ausmachen:

1. Der Christenverfolger Saulus befindet sich in der Nähe von Damaskus;

2. ein himmlisches Licht erstrahlt, und Saulus fällt nieder;

3. seine Begleiter, die die zu Saulus sprechende Stimme gehört haben, führen ihn (erblindet?) nach Damaskus.

So rekonstruiert, kann man die Tradition als Legende von der Bestrafung eines Gottesverächters durch eine Erscheinung Jesu bezeichnen. Als deren Ergebnis hat Saulus seine Berufung zur Mission (unter den Heiden) verstanden.

Für Lukas ist die Paulusmission im Aufriß der Apostelgeschichte in Kap. 9 allerdings noch kein Thema. Demgemäß hat er dort wohl absichtlich die Tradition einer Berufung des Paulus (vgl. Apg 22 und 26) als Bekehrung interpretiert und sie in eine Reihe von drei Bekehrungsgeschichten gestellt (8,26–40; 9,1–19a; 10,1–11,18). Die Lukas vorliegende Tradition des

Damaskusgeschehens war wohl ursprünglich eine Berufungsgeschichte, die im wesentlichen mit den paulinischen Eigenzeugnissen übereinstimmt. Lukas hat sie aus darstellerischen Gründen verdreifacht und sich in Apg 9 durch die Interpretation der Berufung als Bekehrung von der historischen Wahrheit ein Stück weit entfernt.

Die Tradition berichtet in Übereinstimmung mit den paulinischen Briefen historisch zutreffend davon, daß ein bestimmtes Ereignis aus dem Verfolger einen Verkündiger machte, aus dem Christusfeind einen Christusjünger (vgl. Gal 1).

Weiter ist die Ortsangabe, die Bekehrung bzw. Berufung habe sich bei/ in Damaskus ereignet, zutreffend. Auch Paulus selbst spricht Gal 1,17 davon, daß er im Anschluß an die Bekehrung nach Arabien ging und dann *wieder nach Damaskus zurückkehrte.* Also muß er kurz vor oder kurz nach seiner Bekehrung bei oder in dieser Stadt gewesen sein.

Man kann noch erwägen, ob die Traditionsgrundlage von Apg 9,3–9 selbst aus Damaskus stammt. Ferner mag man einen der Ausgangspunkte der Überlieferung in Gal 1,23 (»der uns früher verfolgte, der predigt jetzt den Glauben, den er früher zu zerstören suchte«) sehen. Auch dürfte der Anteil des Paulus an der Traditionsbildung über seine »Wende« nicht gering zu veranschlagen sein; er wird zweifellos selbst darüber erzählt haben.

An dieser Stelle sei noch die Frage angeschnitten, ob die Blindheit des Saulus Bestandteil der Tradition gewesen ist. In der Geschichte sind durchaus Beispiele ekstatischer Blindheit bekannt. Dabei wird die entscheidende Frage sein, ob die Zeugnisse selbst noch weitere Anzeichen erkennen lassen, daß eine Blindheit mit dem Damaskusgeschehen verbunden war (s. u. S. 112 ff).

B) Die Tradition hinter Apg 9,10–19
Die Überlieferungsgrundlage des Abschnitts V. 10–19 ist noch schwieriger zu bestimmen als die des vorigen. Traditionselement ist wohl nur der Jünger Hananias in Damaskus, der dort Paulus heilte und vielleicht auch taufte (9,18): Lukas wird diesen Namen kaum der Tradition hinzugefügt haben. Ob das Haus des Judas in der Geraden Straße zur Tradition gehört, ist unklar.

Das »Ostern« des Paulus

Die Tradition hinter Apg 9,3–9 stimmt mit den Eigenzeugnissen des Paulus darin überein, daß sie von einer Auferstehungserscheinung berichtet. Paulus spricht 1 Kor 9,1 f in »Ostersprache« (vgl. Joh 20,18.25) von seinem Sehen des Herrn, ebenso 1 Kor 15,8 von einem Sich-Zeigen Jesu vor ihm selbst (Lk 24,34 und 1 Kor 15,3–7). Beide Stellen reflektieren ein und dasselbe Ereignis, wobei 1 Kor 9,1 die aktive Wahrnehmung Jesu formuliert und 1 Kor 15,8 deren Voraussetzung.

Doch zwischen Apg 9,3–9 und den paulinischen Briefen gibt es auch unterschiedliche Aussagen über die Christuserscheinung: Die Apostelgeschichte berichtet nicht ausdrücklich von einem »Sehen« des Herrn (so die Briefliteratur), sondern von einem »Hören« seiner Worte (V. 4 b–6) und von einer Lichterscheinung vom Himmel sowie einem Niederstürzen des Paulus. Jedenfalls enthalten V. 3–9 keine Aussage darüber, daß Saulus den Herrn *gesehen* habe.

Demgegenüber ist aber auf Apg 9,17 zu verweisen, wo Hananias im Rückblick auf V. 3–9 die Lichterscheinung vor Damaskus als eine Erscheinung Jesu vor Saulus beschreibt (vgl. 26,19), und auf 9,7 (seine Begleiter sahen niemanden), wo wohl vorausgesetzt wird, daß Saulus jemanden, d. h. Jesus, gesehen hat.

Bezüglich der Erscheinungsweise Jesu liegt zwischen der Tradition hinter 9,3–9 und den Paulusbriefen daher kein Gegensatz vor – beide bezeugen, daß Paulus Jesus *gesehen* habe. Johannes Lindblom nennt das Damaskusgeschehen mit Recht »eine plastische Vision mit einem starken auditiven Element«[96], d. h. daß auch das *Hören* eine Rolle spielte.

Paulus selbst deutet an, daß die Erscheinung vor Damaskus ihn zum Missionar berief (man vgl. bes. Gal 1,15 f). Das wird in Apg 9 so nicht ausgesagt. Doch erklärt sich dies einfach aus der Erzählintention der Tradition (oder des Lukas?), die (der) an dieser Stelle den Akzent ganz auf die Überwindung des Christenverfolgers durch Jesus legt. Auf der anderen Seite schließt die Berufung des Christenverfolgers Paulus zum Missionar aber zwingend einen Sinneswandel ein, wie er in Apg 9 beschrieben wird. Daher ist es gut *möglich*, daß historisch eng beieinanderlag, was Lukas in Apg 9 und 26 in zwei in ihrem Schwerpunkt verschiedenen Geschichten erzählt (Apg 22 liegt in der Mitte). *Apg 9 und 26 enthielten dann nur verschiedene Aspekte desselben Geschehens.*

Bezüglich der Person des Hananias und seiner Mitwirkung an der Bekehrung/Berufung des Paulus dürfte ein begründetes historisches Urteil kaum möglich sein. Freilich darf man gegen eine wie auch immer geartete Beteiligung des Hananias sich nicht auf die Aussage Gal 1,12 stützen, nach der Paulus seine Offenbarung nicht von einem Menschen habe. Denn diese Angabe schließt eine Mitwirkung des Hananias nicht aus, weil sie den besonderen Charakter der Bekehrung/Berufung gar nicht in Frage stellen würde und Hananias als Werkzeug Gottes zu betrachten wäre.

Das wichtigste Ergebnis der historischen Rekonstruktion der Erscheinung vor Paulus ist die Erkenntnis, daß die Aussagen der paulinischen Eigenzeugnisse und der Apostelgeschichte im wesentlichen übereinstimmen. Damit bereichern die Berichte der Apostelgeschichte unser historisches Wissen um das Christuserlebnis des Paulus. *Die von Lukas verarbeitete Tradition dürfte auf einen Eigenbericht des Apostels zurückgehen. Er enthielt die Einzelheiten, die bereits in den paulinischen Briefen anklingen.*

Doch sei einschränkend gesagt, daß wir nicht mehr feststellen können, ob der Berufungsaspekt des Damaskusgeschehens mit dem Ereignis zusammenfiel. Wahrscheinlich ist, daß das Verständnis der Bekehrung als Berufung erst einer Interpretation des Paulus entsprang, die sich *anschließend*, allerdings innerhalb einer kurzen Zeit, ergab.

Festzuhalten bleibt: *Paulus hat in dem Ereignis vor Damaskus Jesus »gesehen«. Ob man das eine »Bekehrung« nennt oder nicht, ist relativ gleichgültig, da der Inhalt klar ist: Paulus vollzog eine Kehrtwendung vom Verfolger zum Verkündiger Jesu.* Innerhalb seiner eigenen Person fand eine »Revolution der Werte« statt, vom jüdischen Gesetz hin zu Christus.

Die Christuserscheinung vor Paulus: Eine Vision?

Auf das »Damaskusereignis« treffen die Merkmale einer Vision zu. Unter »Visionen‹ versteht man im allgemeinen visuelle Erscheinungen von Gestalten, Dingen oder Vorgängen, bzw. Wahrnehmungen von Stimmen und Lauten, die keine sinnlich-objektive Wirklichkeit haben, sondern nach der Auffassung der schauenden und hörenden Personen einer anderen, unsichtbaren Welt entstammen.«[97] Damit ist »Vision« zunächst ein neutrales Phänomen. Erst in seiner Interpretation durch den Visionär oder durch Außenstehende bekommt es eine »negative« (oder auch »positive«) Tendenz. So sei der Begriff »Vision« in bezug auf das Erscheinungserlebnis vor Paulus (übrigens auch für das Erlebnis des Petrus) so gebraucht, daß dieser etwas erlebte, etwas sah (und hörte), was *er* sich nicht »als von dieser Welt« erklären konnte.

Belege für Visionen finden sich im Alten Testament[98], im Judentum der Zeitenwende[99], in zahlreichen Parallelen aus der hellenistischen und römischen Umwelt des Neuen Testaments[100] sowie in diesem selbst[101].

Bei der Lektüre der neuesten Arbeit über Ostern von Hans Kessler entsteht im Hinblick auf die Auferstehungserscheinungen ein Eindruck, dem nicht nachdrücklich genug widersprochen werden kann. Dieser äußert sich folgendermaßen:

»Ausscheiden muß... die... Auffassung, es handle sich um rein psychologisch erklärbare Visionen, also um bloße Produkte der Einbildungskraft bzw. des Unterbewußtseins der Jünger... Es gibt keinerlei Hinweise darauf, daß die frühe Christenheit den Osterglauben auf innere, seelische Vorgänge zurückgeführt hätte. Und der Ernst, der religiöse Anspruch der Texte wird bei einer rein psychologischen Erklärung ohnehin verfehlt.«[102]

Diese Sicht wird dem Phänomen nicht gerecht. Denn für eine wissenschaftliche Darstellung der »Osterereignisse« ist es unwesentlich, ob die frühe Christenheit den Osterglauben auf innere, seelische Vorgänge zurückgeführt hat oder nicht. Auch hätten sie einem solchen Erleben keinen Ausdruck verleihen können, denn das antike Weltbild unterschied kaum zwischen »rein innerlichen« und »rein äußerlichen« Geschehnissen. Visionen gehörten damals durchaus zum »normalen« täglichen Leben und galten als mysteriöse, unerklärbare, durch höhere Wesen hervorgerufene Phänomene. So muß es uns »Heutigen« um die Vermittlung eines *heute* verstehbaren Zugangs zum Ostergeschehen gehen. Zunächst ist also zu fragen, ob ein psychologischer Zugang den religiösen Ernst der damaligen Visionäre zu verstehen hilft. Und dies kann nicht gut bestritten werden.

Mit den allgemeinen Bedingungen und Möglichkeiten von Visionen beschäftigt sich Carl Holsten.[103] Er schreibt, es könne nur dort zu einer Vision kommen, »wo die elemente des visionsbildes schon vorher im geiste des visionärs vorhanden waren. Die visionäre phantasie ist nur eine reproduktive tätigkeit, geschaut wird nur, was vorher schon als vorstellung oder bild der freien phantasie im bewusstsein des visionärs gelebt hat« (S. 81 f). In bezug auf das Erlebnis des Paulus bedeutet dies: »Die kritik muss nachweisen können, dass die vision des messias in der form, wie Paulus ihn schaute, keinen widerspruch mit der allgemeinen weltanschauung des Paulus gebildet habe, dass sie ihrem substantiellen gehalte nach schon vorher im bewusstsein und in der bewussten phantasie des Paulus gewesen sei, dass es der besonderen situation, in welcher wir uns den Paulus zur zeit der vision denken müssen, entsprochen habe, und dadurch ein für ihn bedeutsames bild gewesen sei« (S. 84).

Alle diese Bedingungen glaubt Holsten aufgrund der Individualität des Paulus nachweisen zu können. Nach Holsten war Paulus ein Epileptiker mit »sanguinisch-cholerischem Temperament« und charakterlich von erhöhter Erregbarkeit und Ruhelosigkeit (S. 87 f). Zu dieser »*natürlichen* Bestimmtheit« des Paulus, die für sich genommen schon sensibel auf äußere Einflüsse reagiere, träte nun noch eine überdurchschnittliche *geistige* Regsamkeit. Für die Bekehrung des Paulus durch sein Christuserlebnis vor Damaskus bedeute dies: Paulus habe durch die Verfolgung der christlichen Gemeinde deren Glauben an den Gekreuzigten kennengelernt. Dabei überraschte ihn der ihm als Juden absurd erscheinende unerschütterliche Glaube an die Erlösungskraft eines Hingerichteten. Dieser äußere Befund beschäftigte Paulus gedanklich so sehr, daß ihm schließlich die Bedeutung des Kreuzestodes des Messias als religiöse Notwendigkeit aufgegangen sei: Das vormals jüdische Ideal des Messias als nationalem Erlöser wurde durch eine neue Anschauung vom Werk des Messias ersetzt, die alle nationalen Züge ausgelöscht habe. Damit sei das Christusereignis vor Paulus als Produkt eines nach Erkenntnis suchenden menschlichen Geistes nachgewiesen (vgl. S. 114).

Um in diesem Punkt Klarheit zu erhalten, ist die Beantwortung der Frage notwendig, ob Paulus auch sonst mit Visionen zu tun hatte. Sollte gar der Satz Eduard Meyers zutreffen, daß der Apostel fortwährend Visionen und Offenbarungen ähnlich denen in 2 Kor 12 erlebte?[104] Dann wäre die Christuserscheinung vor Paulus eben kein »Einzelfall« ohne Parallele (wohlgemerkt: nicht um den *Inhalt* der Visionen geht es hier, sondern um die *Tat-sache* von Visionen im Leben des Paulus allgemein).

Es darf nicht verschwiegen werden, daß sich z. T. vehementer Widerstand gegen die Bezeichnung des Paulus als »Visionär« regt. Doch allen derartigen Einwänden, so scheint es, liegt ein Unvermögen zugrunde, die Frömmigkeit bzw. das religiöse Leben des Paulus so wahrzunehmen und zu lassen, wie es war.[105] Die Gründe dafür liegen in dem Widerstand dagegen, daß die Frömmigkeit des Paulus eine andere gewesen sein könnte, als es die eigene ist. Hat die moderne protestantische Theologie und Exegese etwa gar einen »antivisionären Komplex«?

Genug der Vermutungen und der Fragen. Wir wollen an einem konkreten Text, *2 Kor 12*, prüfen, ob Visionen für Paulus auch in seiner christlichen Zeit von Bedeutung waren, und im positiven Fall das Verhältnis dieser Passage zur Damaskusvision zu bestimmen suchen.

2 Kor 12,1–10

Paulus weist in 2 Kor 10,12–12,18 einen Vorwurf zurück, der anscheinend zum Inhalt hatte, daß der Apostel über eine unzureichende Begabung mit dem Geist Gottes verfüge:

12,1: Rühmen ist notwendig; wenn es auch nichts nützt, so will ich doch kommen auf die Schauungen und Offenbarungen des Herrn.

2: Ich kenne einen Menschen in Christus; vor vierzehn Jahren – ist er im Leib gewesen? ich weiß es auch nicht; oder ist er außer dem Leib gewesen? ich weiß es auch nicht; Gott weiß es –, da wurde derselbe entrückt bis in den dritten Himmel.

3: Und ich kenne denselben Menschen – ob er im Leib oder außer dem Leib gewesen ist, weiß ich nicht; Gott weiß es –,

4: der wurde entrückt in das Paradies und hörte unaussprechliche Worte, die einem Menschen mitzuteilen verboten seien.

5: Für denselben will ich mich rühmen; für mich selbst aber will ich mich nicht rühmen, außer meiner Schwachheit.

6: Und wenn ich mich rühmen wollte, würde ich kein Narr sein; denn ich würde die Wahrheit sagen. Ich enthalte mich aber dessen, damit nicht jemand mich höher achte, als er an mir sieht oder von mir hört.

7: Und damit ich mich wegen der hohen Offenbarungen nicht überhebe, deshalb ist mir gegeben ein Pfahl ins Fleisch, nämlich des Satans Engel, der mich mit Fäusten schlagen soll, damit ich mich nicht überhebe.

8: Seinetwegen habe ich dreimal zum Herrn gefleht, daß er von mir weiche.

9: Und er hat zu mir gesagt: Laß dir an meiner Gnade genügen; denn meine Kraft ist in den Schwachen mächtig. Darum will ich mich am allerliebsten rühmen meiner Schwachheit, damit die Kraft Christi bei mir wohne.

10: Darum bin ich guten Mutes in Schwachheit, in Mißhandlungen, in Nöten, in Verfolgungen und Ängsten, um Christi willen; denn wenn ich schwach bin, so bin ich stark.

Wir wissen von Paulus selbst, wie in Korinth gegen ihn polemisiert wurde: Er sei in der Gegenwart der Korinther unterwürfig, aber mutig, wenn er fern von ihnen sei (2 Kor 10,1; wohl ein Zitat). Auch 2 Kor 10,10 (»Denn seine Briefe, sagen sie, wiegen schwer und sind stark; aber wenn er selbst anwesend ist, ist er schwach und seine Rede kläglich«) bestätigt dies. Der zuletzt genannte Vorwurf kehrt 2 Kor 11,6 wieder: Paulus sei »ungeschickt in der Rede«, womit bestimmt kein Mangel an rhetorischer Schulung, sondern ein Mangel an wirkungsmächtiger, geistgewirkter Rede gemeint ist.

Die Gegner des Paulus sind in *2 Kor 13,3* als »Pneumatiker« auszumachen, also als Personen, die im Besitz des Heiligen Geistes sind.[106] Dieser spricht durch sie und läßt sie geistgewirkte Taten vollbringen:

3: Ihr verlangt ja einen Beweis dafür, daß Christus in mir redet, der euch gegenüber nicht schwach ist, sondern ist mächtig unter euch.

Die Gegner verlangen offenbar einen Beweis dafür, daß auch in Paulus der Heilige Geist wirkt. Solange der nicht erbracht ist, werden sie ihm sein mangelndes »Pneumatikertum« kritisch vorhalten.

Wenn Paulus *2 Kor 12,1 b* schreibt: Ich komme jetzt »auf die Schauungen und Offenbarungen des Herrn«, so greift er damit einen gegen ihn erhobenen Vorwurf auf: Er will durch 2 Kor 12,2–8 erweisen, daß auch er sich Visionen und Offenbarungen des Herrn rühmen kann. Es gehörte wohl zum Vorwurf der Schwachheit (2 Kor 10,10), daß Paulus diese nicht vorweisen konnte. Der Abschnitt steht also in einer *Argumentationseinheit* gegen Widersacher, über die wir nur begrenzt Kenntnis haben. Deshalb können ihm nur mit großer Vorsicht historische Informationen entnommen werden.

V. 1 a: »Rühmen ist notwendig« nimmt 2 Kor 11,30a (»Wenn ich mich denn rühmen soll«) auf, wo die Notwendigkeit des Sich-Rühmens auf die Schwachheit bezogen wird. Dort erzählt Paulus nach einem Schwur (V. 31 [vgl. Gal 1,20]) von seiner Flucht aus Damaskus (V. 32–33). Offenbar soll das seine Schwachheit illustrieren (vgl. V. 5 b.9).

V. 1 b: »Schauungen« und »Offenbarungen« meinen nahezu dasselbe. Schauung könnte versuchsweise als Vision und Offenbarung als Audition verstanden werden; (vgl. Dan 10,1). Doch vollzieht sich »Offenbarung« nicht nur in Worten, sondern auch als innere Erleuchtung (vgl. 1 Kor 14,6.26).

V. 2–4: Paulus schreibt in der 3. Person, obwohl er von sich selbst berichtet. Mit dieser Stilform verleiht der Apostel seinen Ausführungen einen objektiven Charakter und hält gleichzeitig einen bescheidenen Stil durch.

Die präzise Angabe »vor 14 Jahren« unterstreicht die Wahrheit der im folgenden beschriebenen Ereignisse. Eine ähnliche Funktion hat wohl die Datierung der Berufungsvisionen bei den alttestamentlichen Propheten (Jes 6,1; Jer 1,1ff; 26,1 u.ö.). Der einzige Unterschied besteht darin, daß Paulus die Zeitangabe nicht im Zusammenhang mit seiner Berufung, sondern in der Auseinandersetzung mit Gegnern verwendet. Doch geht es in beiden Fällen um die Tatsächlichkeit des Geschehenen.

V. 2 und V. 3 f haben einen parallelen Aufbau:

V. 2	V. 3 f
Ich kenne einen Menschen in Christus vor 14 Jahren –	Ich kenne diesen Menschen –
entweder im Leib, ich weiß es nicht	entweder im Leib
oder außerhalb des Leibes,	oder außerhalb des Leibes,
ich weiß es nicht Gott weiß es –	ich weiß es nicht, Gott weiß es –
daß dieser bis zum dritten Himmel entrückt wurde.	daß er in das Paradies entrückt wurde.

Entweder ist V. 3 f eine Variante von V. 2, was die meisten Exegeten annehmen – dritter Himmel wäre dann mit dem Paradies identisch –, oder V. 3 f enthalten eine zweite Himmelsreise, und zwar in das über dem dritten Himmel liegende Paradies. Wegen der auffällig parallelen Formulierung ist die zuerst genannte Möglichkeit wohl wahrscheinlicher, zumal im Judentum das Paradies auch im dritten Himmel lokalisiert werden konnte (sonst im siebten Himmel).[107] Handelte es sich um zwei verschiedene Begebenheiten, so wäre nur *eine* Zeitangabe kaum verständlich. Paulus schildert in V. 2–4 also *eine* Himmelsreise, die in der Umwelt des frühen Christentums vielfältige Entsprechungen hat. Die Wiederholung der Erzählung betont den außerordentlichen Vorgang und ebenso wie die Jahresangabe die Wahrhaftigkeit des Berichts.

Die von Paulus geschilderte Himmelsreise bzw. Entrückung nahm für einen Moment die »Heimfahrt« zum Herrn (= das Sterben) vorweg, die Paulus in Phil 1,21 (»Denn Christus ist mein Leben, und Sterben ist mein Gewinn«) so innig erhoffte (vgl. 2 Kor 5,1f.6–8). Er wußte dabei nicht, ob er sich »im Leib oder außerhalb des Leibes« befand. Visionäre haben »häufig das Bewußtsein…, ihre Ekstase in der Form einer leiblichen Entraffung zu erleben…«[108] Der sofort hinzugesetzte Satz »Gott allein weiß es« deutet dies Geschehen als *von Gott verursacht* – gnadenweise (s. auch 2 Kor 5,13). Obwohl Paulus die Umstände nicht näher beschreibt, ist die Annahme berechtigt, daß die Himmelsreise mit einer Ekstase verbunden war. Dazu paßt durchaus, daß er von sich in der 3. Person redet. »Der in der Ekstase Verzückte unterscheidet sich von dem normalen Menschen und spricht von ihm als von einem anderen.«[109] Da für Paulus das Ergebnis dieser ekstatischen Erfahrung eine zeitweilige Gemeinschaft mit dem himmlischen Christus war – unter Vorwegnahme der endzeitlichen Gemeinschaft – und andererseits der Herr für ihn der Geist ist (2 Kor 3,17; Röm 8,9f), läßt sich also sagen: *In 2 Kor 12 beschreibt Paulus eine Ekstase als pneumatische Erfahrung.*

In jüdischen und griechischen Himmelfahrtsberichten wird oft ausführlich mitgeteilt, was die betreffenden Personen gesehen und gehört haben. Demgegenüber erklärt Paulus in *V. 4* lediglich, er habe »unaussprechliche Worte gehört«. Das kann entweder heißen: Worte, die nicht ausgesprochen werden können, oder Worte, die nicht ausgesprochen werden dürfen. Wegen der Fortsetzung »die einem Menschen mitzuteilen verboten seien« dürfte der zweiten Möglichkeit der Vorzug zu geben sein.

Paulus sagt nicht, ob er etwas bzw. was er *sah*. Allerdings deutet er es mit dem Wort »Paradies« an. Er wird den Ort, wo die »Fahrt« endete, als Paradies erfühlt und »erkannt« haben, d.h. er hat wohl auch gesehen, was im Paradies vorhanden war. »Vor allem wird er neben Engeln und Gerechten ›den Herrn‹ selbst an diesem Ort auf seinem Thron geschaut haben, Apg 7,56; Apk 1,9f.«[110] Freilich sei noch einmal betont, daß von einem Sehen im vorliegenden Text nicht ausdrücklich die Rede ist. Doch ist es wohl vorauszusetzen.[111] Die *Zusammengehörigkeit von Sehen und Hören* legt sich in diesem Zusammenhang außerdem durch den großen Reichtum an Bildern nahe, welche die visionäre Sprache enthält.

V. 5: Soweit es den von Gott beschenkten »Visionär« Paulus betrifft, will Paulus sich dieses Menschen rühmen. Soweit es ihn selbst als »normalen Menschen« Paulus betrifft, will er sich seiner eigenen Schwachheit rühmen. Damit kommt die Aussageabsicht gut heraus: Die Gnade Gottes wird paradoxerweise auf dieser Erde nur in der Schwachheit sichtbar, auch wenn die Christusgemeinschaft in der Gegenwart *wirklich* ist. Aber sie ist unverfügbar, weil von Gott geschenkt. Freilich ist zu berücksichtigen, daß Paulus später (V. 10) sagen wird, in der Schwachheit sei er stark, stärker als seine Gegner, die sich ebenfalls ihrer Visionen rühmen. Mit anderen Worten: In dieser Welt hat Schwachheit paradoxerweise mehr Kraft als Stärke.

V. 6 a knüpft an V. 5 an und betont das Recht des Paulus, sich wegen der Himmelsreise zu rühmen. Dabei lenkt das Thema des »Narr-Seins« zu 2 Kor 11,1.16.19 zurück, und 2 Kor 12,11 zeigt, daß Paulus 2 Kor 12,1–10 als Zwang zur Narrenrede auffaßt, d.h. zur Selbstempfehlung. Diese Verteidigung gegenüber Angriffen anderer wäre allerdings eigentlich Aufgabe der Korinther gewesen. Hinter »rühmen« ist zum besseren Verständnis entweder »über die Schauungen« oder »über anderes als die Schwachheit« zu ergänzen.

V. 6 b: Die Wendung »was er an mir sieht oder von mir hört« ist rätselhaft, und die Erklärungen schwanken entsprechend. Gemeint ist wohl, daß das Paulusbild der Korinther nicht auf solchen für sie unüberprüfbaren Herrlichkeitserfahrungen des Paulus basieren soll, sondern auf *ihren* Erfahrungen mit ihm.

Paulus beansprucht, im Hinblick auf Visionen mit den »Erzaposteln« mithalten zu können (V. 6 a), betont aber gleichzeitig die anderen Kennzeichen eines Apostels: Dies ist zum einen ein Leben in Schwachheit und Verfolgung, das allein durch Gottes Gnade wirkmächtig wird. Für dieses Leben gibt es äußere Hinweise wie z. B. Leiden und Krankheit. Zum anderen ist es die Verkündigung des Evangeliums, die zum Kennzeichen eines Apostels gehört.

V. 7: Der Bezug von »wegen der hohen Offenbarungen« ist unklar. Die Worte können entweder zu V. 6 oder V. 7 gezogen werden: Im ersten Fall wäre der Satzteil Erklärung dafür, warum jemand den Apostel höher achten könnte, als er / sie es aufgrund eigener Wahrnehmungen täte, nämlich wegen der »Höhe«, d. h. der Hochwertigkeit seiner Visionen. Falls die Wendung zu V. 7 zu ziehen ist, nimmt Paulus das Stichwort »Offenbarungen« vorweg, das im ganzen folgenden Abschnitt zum Hauptthema wird, und verknüpft durch »deshalb« die Verse 7 b – 9 a mit dem Vorangehenden (V. 6 – 7 a). Beide genannte Möglichkeiten machen inhaltlich jedoch kaum einen Unterschied.

Das Wort »überheben« rahmt die Aussage in V. 7. Dieser Vers enthält die interessante biographische Notiz, daß Paulus von einem Satansengel geschlagen wird, damit er sich nicht über andere erhebe. Auf diese Weise wird eine Krankheit des Paulus mythisch umschrieben. Der Ausdruck »Satansengel« setzt voraus, daß dem Satan Engel unterstellt sind, die ihm dienen (vgl. Mt 25,41; Apk 12,9 u.ö.) und daß der Satan, seine Engel und böse Dämonen Krankheiten verursachen. *Vision und Krankheit gehören also bei Paulus untrennbar zusammen.*[112] Die außerordentlichen Offenbarungen werden durch eine Krankheit begleitet, damit Paulus nicht »überheblich« werde. Die Vorstellung der Selbsterhebung bzw. Selbsterhöhung ist ein jüdischer Gedanke (vgl. Ez 21,31; Jak 4,10; 1 Petr 5,6): Wer sich selbst erhebt, der wird bestraft bzw. erniedrigt werden. So erklärt Paulus sich selbst offenbar das Nebeneinander von Offenbarung und Krankheit in seiner eigenen Person.

V. 8 – 9 erläutern, daß die in diesen Offenbarungen sich ausdrückende Kraft durch das Beisammensein von Vision und Krankheit noch gewaltiger wird. V. 8 enthält einen sicheren Beleg für das in den paulinischen Briefen sonst selten bezeugte Gebet zu Jesus (vgl. 1 Kor 1,2: »den Namen des Herrn anrufen«; 1 Thess 3,11 f). Das dreimalige Gebet reflektiert einen geläufigen jüdischen Brauch (vgl. Dan 6,11) und drückt dessen Inständigkeit aus (vgl. Mt 7,7). V. 9 a formuliert die Antwort auf das Gebet des Paulus in Form eines »Heilungsorakels«[113], auch wenn eine Heilung gerade verweigert wird.

Wahrscheinlich handelt es sich in dem ab V. 8 beschriebenen Vorgang ebenfalls um eine ekstatische Erfahrung (Audition V. 9 a), die noch Bestandteil desselben Geschehens wie V. 2–4 ist oder sich für Paulus in der Erinnerung als ein Ereignis zusammengeschoben hat. Zumindest versteht Paulus beide Ereignisse – die »Himmelfahrt« und die Deutung seiner Schwachheit durch den himmlischen Christus – als (sachlich) aufeinander bezogen.

In V. 9 b faßt Paulus noch einmal V. 9 a zusammen, jetzt als Selbstaussage. Damit akzeptiert Paulus das Herrenwort als sinnvolle Deutung seiner Situation.

V. 10 a resümiert die in 2 Kor 11,24 ff berichteten Ereignisse, und V. 10 b (»denn wenn ich schwach bin, so bin ich stark«) setzt einen wuchtigen Schlußpunkt.

Die Christuserscheinung vor Paulus: Eine Vision!

Als ein wichtiges Ergebnis des vorigen Abschnitts ist festzuhalten: Paulus schildert in 2 Kor 12 eine Himmelsreise bzw. eine Entrückung, die verbunden war mit einer Vision. Er sah das Paradies und den himmlischen Herrn. Mit diesem Erlebnis ging eine Krankheit einher. Paulus legt sich beides so zurecht, daß die Krankeit die Vision noch verstärkte und so zum Ausdruck der alles überbietenden Macht Christi wurde.

Von hier aus nun können wir das Verhältnis der Berufungsvision (= Damaskusereignis) zu der Vision in 2 Kor 12 bestimmen. Es ist nicht zu bestreiten, daß Paulus bei Visionen Jesu *nach* dem Damaskusereignis die Begegnung mit dem »Erhöhten« als genauso wirklich erfuhr wie beim ersten Mal. Bereits geringes religiöses Einfühlungsvermögen führt zu der Einsicht, daß die »Damaskusvision« und die 2 Kor 12 erzählte »Himmelsreise« zur gleichen Erlebnisform gehören, obwohl sie beide nicht identisch sind. Religionspsychologisch betrachtet sind »Bekehrungsvision und Himmelsreise zwei verschiedenartige Erlebnisse: im ersten Fall kam Christus herab und ›erschien‹ dem P.[aulus] – hier steigt P.[aulus] zum Herrn in den Himmel hinauf.«[114] Doch beide sind ein »Sehen« und gipfeln in einem »Hören« des Herrn, wenn auch der Inhalt verschieden ist. Daß Paulus die Damaskusvision in 2 Kor 12 nicht miterwähnt, mag überdies daran liegen, daß sie den Korinthern schon von der Gründungspredigt des Paulus in Korinth, aus *mündlicher* Tradition (vgl. Gal 1,13.23) und von 1 Kor 15,8 her bekannt war.

Dabei ist wichtig, daß sowohl bei der 2 Kor 12 berichteten Vision als auch in der Damaskuserscheinung eine Krankheit Bestandteil des Geschehens ist (Apg 9,8 / 2 Kor 12,7). Nach der von Lukas geschilderten Tradition wurde Paulus blind, während 2 Kor 12 keine Näherbestimmung zuläßt.[115] Was ist nun erreicht? *Wir wissen jetzt, daß Paulus des öfteren Visionen hatte. Wir müssen weiter davon ausgehen, daß auch sein Bekehrungserlebnis vor Damaskus, in dem ihm der auferstandene Christus erschien, eine Vision war.* Doch bleibt weiterhin die Frage offen, wer oder was diese Vision hervorrief. Sicher kann man nun einfach behaupten, daß Gott selbst Urheber dieser Vision und sie insofern eine originäre Offenbarung gewesen sei. Doch darf es sich eine historische Untersuchung des Geschehens nicht so einfach machen. Denn das hieße, mit *Forschung* abzubrechen und sich wieder auf eine theologisch-spekulative Schiene zu begeben, die ja gerade vermieden werden soll.

Die nächste Frage ist also: Wie ist die Berufungsvision des Paulus erklärbar?

Das Bekehrungserlebnis des Paulus – ein »Christuskomplex«

Die vorchristliche Zeit des Paulus, die in etwa bis zu seinem 30. Lebensjahr dauerte[116], war von einem Fanatismus (Phil 3,6) geprägt, der sich u. a. in einer unerbittlichen Christenverfolgung zeigte (Gal 1,23). Die Gründe dafür lagen *erstens* in der Verkündigung des gekreuzigten Messias, *zweitens* in der christlichen Kritik am Tempelkult und *drittens* – eng damit verbunden – in der im Zusammenleben mit Heiden(christen) praktizierten Außerkraftsetzung des jüdischen Gesetzes. Doch während Saulus die Christen massiv verfolgte, rieten andere Juden wie »Gamaliel« zum Abwarten (vgl. Apg 5,38f). Damit steht fest, daß die Predigt der frühen Christen nicht automatisch eine Verfolgung provozierte. Vielmehr wurde sie nur von einer bestimmten jüdischen Gruppe betrieben, zu der auch Saulus gehörte.

Über die Wende vom Christenverfolger zum Christusverkündiger (vom »Saulus« zum »Paulus«) sagen die Quellen wenig. Hingewiesen sei auf die oben analysierten Passagen (S. 97–110) und ferner auf Gal 1,23 (»der uns früher verfolgte, der predigt jetzt den Glauben, den er früher zu zerstören suchte«) als mündliche Überlieferung in den Gemeinden Syriens über den plötzlichen Umschwung des Christenverfolgers.

Die einst beliebte Heranziehung von *Röm 7* zum Verständnis der Kehrtwende in der Biographie des Paulus ist heutzutage fast überall aufgegeben worden. Paulus beschreibt in diesem Kapitel die Entwicklung des »Ich« und schildert dessen Zerrissenheit vor der Hinwendung zu Christus.

7: Ist das Gesetz Sünde? Das sei ferne! Aber die Sünde erkannte ich nicht außer durchs Gesetz. Denn ich wußte nichts von der Begierde, wenn das Gesetz nicht gesagt hätte (2. Mose 20,17): »Du sollst nicht begehren!«

8: Die Sünde aber nahm das Gebot zum Anlaß und erregte in mir Begierde aller Art; denn ohne das Gesetz war die Sünde tot.

9: Ich lebte einst ohne Gesetz; aber als das Gebot kam, wurde die Sünde lebendig,

10: ich aber starb. Und so fand sich's, daß das Gebot mir den Tod brachte, das doch zum Leben gegeben war.

...

14: Denn wir wissen, daß das Gesetz geistlich ist; ich aber bin fleischlich, unter die Sünde verkauft.

...

18: Denn ich weiß, daß in mir, das heißt in meinem Fleisch, nichts Gutes wohnt. Wollen habe ich wohl, aber das Gute vollbringen kann ich nicht.

19: Denn das Gute, das ich will, das tue ich nicht; sondern das Böse, das ich nicht will, das tue ich.

...

23: Ich sehe aber ein anderes Gesetz in meinen Gliedern, das widerstreitet dem Gesetz in meinem Gemüt und hält mich gefangen im Gesetz der Sünde, das in meinen Gliedern ist.

24: Ich elender Mensch! Wer wird mich erlösen von diesem todverfallenen Leibe?

25: Dank sei Gott durch Jesus Christus, unsern Herrn!

Dreierlei wurde seit der klassischen Arbeit von Werner Georg Kümmel aus dem Jahre 1929[117] gegen ein *biographisches* Verständnis des »Ich« eingewandt:

1. »Ich« sei wie z. B. in den Psalmen eine Stilform;

2. Röm 7 sei im Kontext des Römerbriefs zu verstehen und gäbe in der Form eines Rückblicks eine *theologische* und keine *historische* Beschreibung des vorchristlichen Ichs;

3. Paulus verriete an anderen Stellen wie Phil 3,6 (ich war »nach der Gerechtigkeit, die das Gesetz fordert, untadelig gewesen«) gar nichts von dem Zwiespalt seines vorchristlichen Lebensabschnittes.

Nun ist zu den ersten beiden Punkten kritisch zu sagen, daß damit ein biographisches Verständnis nicht ausgeschlossen wird. Durch den Hinweis auf die theologische Form dieses Rückblicks ist ja noch nicht notwendig die historische Frage aufgehoben, inwiefern dieser theologischen Interpretation seiner eigenen Biographie nicht doch ein historischer Kern entspricht. Und ob nun Phil 3,6 wirklich ein *völlig gefestigtes Selbstvertrauen* des vorchristlichen Paulus zeigt, ist so unbestreitbar nicht.

Es stellt sich die Frage, ob nicht ein tiefenpsychologisches Weiterfragen die historischen Überlegungen anregen kann. Damit komme ich zu einem Erklärungsversuch, der einerseits unser Wissen *über* die Bekehrung des Paulus vermehren, andererseits aber auch ihre Bedeutung erfassen möchte.

Als theoretisches Modell kommt ein psychodynamischer Ansatz in Frage, der Religion als Auseinandersetzung mit dem Unbewußten versteht.[118] Dieses Modell einer tiefenpsychologischen Deutung soll dazu beitragen, Paulus aus seinem Lebenszusammenhang heraus zu verstehen.

Wie oben bereits dargestellt, verweisen die Quellentexte darauf, daß der Jude Saulus ein engagierter, ja geradezu fanatischer Verfolger der Christen war. Dieses auffällige Verhalten spricht dafür, daß die Grundelemente der christlichen Verkündigung ihn ausgesprochen stark beschäftigten. Seine Begegnung mit Christen, deren Verkündigung und Glaubenspraxis fand nicht allein auf einer verstandesmäßigen, sondern zugleich auf einer bewußten und unbewußten emotionalen Ebene statt – ein Phänomen, das für alle Erlebnisse überhaupt gilt. Der vehement aggressiven Haltung des Paulus gegen die Christen lag dabei vermutlich ein inneres persönliches Unvermögen zugrunde, wie es die Tiefenpsychologie als häufige Ursache für aggressives Verhalten festgestellt hat. Dieses Unvermögen drückt sich im allgemeinen darin aus, daß ein Mensch sich von etwas angesprochen fühlt, das jedoch seinen Prinzipien widerspricht. Er darf oder will ihm deshalb nicht nachgeben. Daher versucht er, dieses Gefühl mit Macht zu unterdrücken, damit es nicht die Oberhand gewinnt und alle seine Prinzipien zusammenfallen läßt. Je mehr er dies aber tut, desto mehr werden ihm andere Personen, die dasselbe Gefühl offen ausdrücken können, verhaßt, denn sie können sich leisten, wogegen er mühsam anzukämpfen sucht. So entlädt sich der Haß gegen seine eigene Situation, also im Endeffekt gegen sich selbst, im Hassen dieser anderen Personen. Er projiziert – wie dies in der psychologischen Fachsprache heißt – seinen Haß auf andere. – Er wird zum Fanatiker.

Fanatiker müssen oft den Zweifel an der eigenen Lebensanschauung und -praxis unterdrücken, wollen sie sich nicht selbst zerstören. Falls das für Paulus zutrifft[119], so war sein religiöser Eifer eine Art Gradmesser seines inneren Unvermögens, das sich schießlich in einer Vision Christi entlud. Vielleicht kann man mit C.G. Jung sagen, daß Saulus unbewußt schon vor seiner Bekehrung Christ war.[120] Er hätte dann einen ihm selbst unbewußten Christuskomplex gehabt. Dieser dürfte von den durch ihn verfolgten Christen förmlich zum Überkochen gebracht worden sein. Er wollte sich seiner durch externe Bekämpfung entledigen. Das wurde ihm zum »Verhängnis«. Aus Saulus wurde Paulus.

Was war der mutmaßliche Inhalt dieses Christuskomplexes? *Erstens* dürfte er mit dem Gesetz zu tun gehabt haben: Röm 7 zeichnet im Rückblick den unbewußten Konflikt, den Paulus vor seiner Bekehrung ausgetragen hat. *Zweitens* könnte dieser Konflikt aktuell durch die Verkündigung des gekreuzigten Christus ausgelöst worden sein (ein Gekreuzigter konnte nicht der Messias sein), *drittens* durch die das Judentum überschreitenden, universalen Tendenzen der Predigt der von ihm verfolgten Christen und *viertens* durch die von den Christen verbreitete Liebespredigt Jesu.

Das Unvorstellbare für Paulus war, daß in dem Menschen Jesus Realität geworden war, was er selbst immer unbewußt ersehnt hatte. Das Christusideal des Paulus, erst durch die Predigt der von ihm Verfolgten aktuell zum Durchbruch gelangt, fand seine Entsprechung im Wirken Jesu. Gleichzeitig verlieh das historische Kreuz Jesu dem Christusbild des Paulus eine vorher unbekannte Dimension. Seine Wandlung vom Verfolger zum Prediger dürfte Paulus als Erfahrung des Lebens, als Erfahrung der Ewigkeit, als Befreiung vom Gesetz und von der Sünde erlebt und verstanden haben. Denn alle diese Themen werden in Röm 7 behandelt (V. 10.23 f; vgl. 1 Kor 15,56). Es wird dabei kaum zu entscheiden sein, ob Paulus das in dieser Form *unmittelbar* nach Damaskus hätte sagen können. Zwar hat er über seine Vision nachgedacht. Doch ist das Problem hinter Röm 7 zu »erfahrungsgeladen«, als daß es ausschließlich theoretisch erdacht und entwickelt worden wäre. War es aber ein echter Konflikt, den Paulus hier überwunden hat, dann ist er historisch nahe dem Damaskusereignis anzusetzen.

Folgerungen aus den Analysen der Christuserscheinungen

Die kritische Befragung der verschiedenen Auferstehungserscheinungen brachten ein überraschendes Ergebnis: Sie sind durchweg als Visionen erklärbar. Dabei sind diejenigen des Petrus und des Paulus als originäre Visionen zu bezeichnen, weil sie ohne *äußere* Auslösefaktoren geschahen.

Petrus wurde die Erstvision zuteil, die psychologisch als verfehlte Trauerarbeit und Überwindung eines schweren Schuldkomplexes zu deuten ist. Er hatte sich an Jesus durch Verleugnung »versündigt«. Aber unter dem Eindruck von Jesu Verkündigung und Tod bezog Petrus durch eine Erscheinung des »Auferstandenen« das schon im Wirken Jesu präsent gewesene Vergebungswort Gottes noch einmal und diesmal in seiner tiefgründigen Klarheit auf sich.

Diese Erstvision wurde zur Initialzündung für die weiteren bei Paulus in 1 Kor 15 erwähnten Nachfolgevisionen. Die sich anschließenden Christuserscheinungen sind als Massenpsychosen (bzw. Massenhysterien) erklärbar. Dieses Phänomen wurde durch die Petrusvision erst ermöglicht.

Die Erscheinung vor Paulus dagegen war nicht abhängig von der Petrusvision, da hier kein Nachfolger, sondern ein »Feind« Jesu bzw. seiner Anhänger betroffen war. Dabei gibt die Biographie des Paulus starke Hinweise darauf, daß dessen Christusschau psychologisch als Überwindung eines schwelenden »Christuskomplexes« zu erklären ist, der in ihm zu schweren (unbewußten) inneren Konflikten führte und sich schließlich in dieser Schau entlud.

Trotz ihrer Unabhängigkeit voneinander gibt es jedoch eindeutige Parallelen zwischen den beiden originären Visionen des Petrus und des Paulus:

1. Bei beiden steht die Vision Jesu in einer unauflösbaren Beziehung zur Verleugnung Jesu bzw. zur Verfolgung seiner Gemeinde.

2. Bei beiden wird das Schuldgefühl durch die Gnadengewißheit abgelöst.

3. Beide dürften eine ähnliche, wenn nicht sogar übereinstimmende Rechtfertigungslehre vertreten haben (Gal 2,15 f: »weil *wir* wissen, daß der Mensch durch Werke des Gesetzes nicht gerecht wird, sondern durch den Glauben an Jesus Christus«). Darin, daß die Menschen durch Glauben an Christus und nicht durch das Gesetz gerechtfertigt werden, war Paulus sich offenbar von Anfang an mit Petrus einig, ja, diese Überzeugung hat sich beiden bei ihrer Hinwendung zu Christus, in ihrer »Ostererfahrung«, aufgedrängt.

Damit muß als Urheber dieser Visionen aber nicht mehr Gott angenommen werden, wie dies inkonsequenterweise auch bei Vertretern der Visionshypothese noch häufig der Fall ist. Es sind vielmehr *psychische* Vorgänge, die nahezu »gesetzmäßig« – ganz ohne »göttliche« Eingriffe – im Menschen selbst ablaufen.

Gleichzeitig ist damit gesagt, daß die Annahme einer Auferstehung Jesu als Voraussetzung zur Erklärung dieser Phänomene vollkommen unnötig ist. *Eine konsequente modern-weltanschauliche Sichtweise muß der Auferstehung Jesu als historischem Geschehen* den Abschied geben.

4. Konsequenzen aus den Untersuchungsergebnissen

Entstehung und Wesen des urchristlichen Auferstehungsglaubens

Der römische Präfekt Pontius Pilatus ließ Jesus von Nazaret nach dem Zeugnis aller neutestamentlichen Evangelien an einem Freitag (um das Jahr 30) am Kreuz hinrichten. Seine Jünger, die von Galiläa mit nach Jerusalem zum Passahfest gezogen waren, verließen ihn vor bzw. bei der Festnahme fluchtartig. Als letzter floh nach einigem Zögern auch Simon Petrus, einer der Zwölf, der unter den Jüngern eine Vorrangstellung innehatte. Anhängerinnen Jesu, die ebenfalls mit ihrem Meister gereist waren, hielten dagegen länger bei diesem aus. Zu ihnen gehörte Maria aus dem galiläischen Fischerort Magdala, die durch Jesus von einer schweren Krankheit geheilt worden war (Lk 8,2).

Die Motive für die Hinrichtung Jesu durch den Römer Pilatus sind klar: Er sah in ihm einen politischen Aufrührer, den es unschädlich zu machen galt. Offensichtlich war Jesus von Teilen der ihm feindlich gesonnenen Jerusalemer Priesterschaft als politischer Aufwiegler verleumdet worden, da er als endzeitlicher Messias auftrat. Inwiefern auch ein Jünger (Judas) daran beteiligt war, ist unsicher.

Prozeß, Hinrichtung und Tod Jesu fielen auf denselben Tag. Auf diesen folgte der Sabbat, der in jenem Jahr mit dem ersten Tag des Passahfestes zusammenfiel.[121] Daraus ergab sich für die Juden das Problem, wie mit dem Leichnam Jesu zu verfahren war. Es war nach jüdischer Sitte nämlich nicht erlaubt, einen verstorbenen Gekreuzigten über Nacht (Dtn 21,23), noch dazu an einem Sabbat, der überdies zum Passahfest zählte, am Kreuz hängen zu lassen. Jedenfalls erhielten Juden von Pilatus die Erlaubnis, den Leichnam Jesu vom Kreuz abzunehmen. Entweder beauftragte man jüdischerseits Joseph von Arimathäa mit der »Bestattung« Jesu, oder uns Unbekannte haben den Leichnam an einem nicht mehr identifizierbaren Ort »beerdigt«. Damit hatte sich die Angelegenheit für die betreffenden jüdischen Oberen und für Pilatus, der Jesus von Nazaret für einen von *vielen* jüdischen messianischen Aufrührern hielt, erledigt.

Wie Jesus selbst seine letzten Stunden erlebt hat, weiß niemand. Die ihm zugeschriebenen Worte während des Prozesses und am Kreuz sind sicher spätere Bildungen. Auch kann z. B. nicht gesagt werden, ob er wirklich innerlich zusammengebrochen ist, wie oft behauptet wurde.

Endete der Karfreitag also in einer Katastrophe und war damit scheinbar der von Jesus angefachte Brand eiskalt erstickt worden, so brach nicht lange nach dem Tod ihres Meisters und der Rückkehr der Jünger nach Galiläa unverhofft ein neuer Frühling an. Wann genau sich dies abgespielt hat, wissen wir nicht. Daß es am dritten Tage, also am Sonntag nach dem Sabbat war, kann vor allem deswegen ausgeschlossen werden, weil der Durchbruch in Galiläa geschah und die Jünger nicht innerhalb von ein bis zwei Tagen – zudem noch während des Sabbats – nach Galiläa gekommen sein können. Aber nicht lange nach dem Todesfreitag erlebte Petrus in einer Vision den lebendigen Jesus, und dieses Geschehen führte zu einer Kettenreaktion ohnegleichen. Hatte Petrus Jesus gesehen und gehört, so war damit der Inhalt der Christuserscheinung den anderen vorgegeben. Die Kunde verbreitete sich blitzartig, daß Gott den gekreuzigten Jesus von Nazaret zu sich entrückt bzw. erhöht hätte. Mit anderen Worten: Gott hätte sich auf die Seite Jesu gestellt, was nach dessen Kreuzestod nicht zu erwarten gewesen wäre. Daraus wurde gefolgert: Gott redet in dem gekreuzigten Jesus zu den Menschen. Demnächst würde er als Richter der Welt zurückkehren. – Damit war eine neue Lage geschaffen, und die Jesusbewegung setzte zu einem schwungvollen Neubeginn an. Jetzt konnten die Jesusanhänger noch einmal nach Jerusalem gehen und dort anknüpfen, wo ihr Meister das Werk unvollendet gelassen hatte; sie riefen das Volk und dessen Führungselite zur Umkehr. Vielleicht verstand man die Gegenwart als allerletzte Bußfrist, die Gott gegeben hatte.

Indem Petrus im Durchbruch des Schuldgefühls speziell die Sündenvergebung erfahren hatte, stand *erstens* fest, daß die Erfahrung mit dem gekreuzigten Jesus unmittelbar mit der Vergebung der Sünden verknüpft ist. So wurde die Erfahrung der *Vergebung der Sünden* zu einem wesentlichen Punkt des ältesten christlichen Osterglaubens. *Zweitens* bildete sich der Osterglaube als Erfahrung der *Überwindung des Todes* aus, d. h. als Erfahrung des Lebens, das in der Gemeinde fortan als Geist wirkte. Dieses Leben strömte in einer Vision in die Gegenwart. Das eigentliche ewige Leben wurde hier und heute erfahren, das Zukünftige wurde gegenwärtig. Insofern ist *drittens* der älteste christliche Osterglaube auch ein *Ewigkeitsglaube* und als solcher ein »Endglaube«. Zeit und Ewigkeit sind eins geworden, und zwar so, daß das Herz in die Ewigkeit schaut. Das ewige Leben ist zum Leben der Menschen geworden.

Die Erstvision vor Kephas wirkte regelrecht »ansteckend«; ihr folgten unmittelbar weitere. Der von Jesus zu seinen Lebzeiten gegründete Zwölferkreis wurde von Petrus mitgerissen und »sah« ebenfalls Jesus. Und wohl an dem Wochenfest, das auf das Todespassah folgte, ereignete sich jene Erscheinung vor den mehr als 500.

Auch Frauen waren unter denen, die Jesus sahen. Auf Einwände von jüdischer Seite und Fragen nach dem Verbleib des Leichnams Jesu wußte man alsbald zu entgegnen, daß die Frauen das Grab leer gefunden hatten und später, daß Jesus den Frauen am Grab sogar erschienen sei.

Die Kraft dieses Anfangs mit ihrem religiösen Enthusiasmus läßt sich nicht explosiv genug vorstellen. Auch die leiblichen Brüder Jesu (vgl. 1 Kor 9,5) wurden in den Strudel mit hineingerissen und gingen nach Jerusalem. Jakobus empfing sogar eine Einzelvision.

Für die genannten Vorgänge ist kaum mehr als ein halbes Jahr anzusetzen. Vieles geschah dabei parallel. Dabei sind neben der Auferstehungserfahrung folgende Entwicklungen historisch klar faßbar: a) Im Brotbrechen feierte die versammelte Gemeinde alsbald die Gemeinschaft mit ihrem so elend hingerichteten und nun umso machtvoller erstarkten Messias Jesus; b) die Erinnerung an Jesu Wirken und sein Wort war unmittelbar lebendig; c) »das in den Gemütern gegenwärtige, eschatologisch-messianische Schriftwort, hier vor allem die messianischen Lieder des Psalters, die man seit jeher auswendig konnte«, sang man jetzt »als Psalmen der gegenwärtigen Erfüllung zu Ehren des erhöhten Messias-Menschensohn.«[122]

Ein neues Stadium erreichte die Bewegung, als sich ihr in Jerusalem griechischsprachige Juden anschlossen. Das mag bereits an jenem auf das Todespassah folgenden Wochenfest gewesen sein, als viele Pilger in Jerusalem anwesend waren und von Jesus hörten. Jedenfalls verbreiteten sie die Jesusbotschaft in Gegenden außerhalb Jerusalems und lenkten die Aufmerksamkeit des Pharisäers Saulus auf sich. Dieser schritt zur Tat und unterdrückte die neue Predigt, bis er ebenfalls in einer Vision vor Damaskus von Jesus überwunden wurde. Mit diesem Ereignis ist ein äußerer Punkt des ältesten Osterglaubens erreicht, obwohl Jesus auch in der Folgezeit immer wieder »erschien«. Drei Jahre nach seiner Christuserscheinung reiste Paulus zu Petrus nach Jerusalem und lernte von ihm weitere Einzelheiten der Predigt und des Wirkens Jesu kennen.

Diese knappe Skizzierung der Ereignisse nach Jesu Tod erhebt natürlich keinen Anspruch auf Vollständigkeit. Es wird so sein, daß der eine oder andere Punkt des gebotenen historischen Abrisses des ältesten christlichen Auferstehungsglaubens zu korrigieren sein wird. »In diesen bewegten... Monaten des Anfangs waren vielfältige Bewegungen und Entdeckungen neben- und miteinander, ja z. T. verwirrend ›durcheinander‹ möglich. Die Begegnungen mit dem Auferstandenen bilden... einen verschlungenen Knoten, bei dem wir die einzelnen Fäden nicht mehr fein säuberlich entwirren und chronologisch ordnen können...«[123]

Der Auferstehungsglaube der ältesten Gemeinde und wir – oder: Können wir noch Christen sein?

Wir können heute die Aussagen über die Auferstehung Jesu nicht mehr wörtlich nehmen. Sicher ist allerdings, daß die Menschen damals ›wörtlich‹ an die Auferstehung geglaubt haben. Das kann und darf man nicht relativieren. Aber durch nichts ist deshalb der Schluß begründet, also müsse man auch heute an die »blutige« Wirklichkeit der Auferstehung glauben. Das ist der typische Fehlschluß, der allenthalben begangen wird. *Wenn der Leib Jesu nicht wiederbelebt wurde, hilft uns keine Wiederbelebung der Mythen darüber hinweg. Wenn Jesus so nicht auferstand, hat das gravierende Kon-*

sequenzen für unsere Religion, ohne daß dies zugleich ihr Ende bedeuten würde. Aber aus der Tatsache, daß die urchristliche Religion früher einmal mit dem Glauben an die Wiederbelebung des Leichnams Jesu verbunden war, kann man nicht unbedingt folgern, daß wir auch heute, wenn wir richtige Christen sein wollen, an diese Wiederbelebung des Leichnams glauben müssen. *Es war keine historische Tatsache, sondern ein Glaubensurteil.* Wir können nicht »blind« mitglauben, und dazu müssen wir uns ehrlich bekennen!

Der urchristliche Glaube resultierte aus der *damaligen* Interpretation eines Geschehens auf dem Hintergrund des *damaligen* Weltbildes, also im Rahmen der *damaligen* Möglichkeiten. *Heute* interpretieren wir dasselbe Geschehen anders, nämlich im Rahmen der *heutigen* Möglichkeiten. Die Zukunft wird dasselbe Geschehen vielleicht wiederum anders interpretieren. Mit der veränderten Interpretation ändert sich zwangsläufig auch die *äußere Form des Glaubens*, der ja erst aufgrund der Interpretation präzisiert wird. Der Kern des Glaubens, also dasjenige Geschehen, was zu allererst die (verschiedenartigen) Interpretationen auslöste, bleibt dabei unveränderlich! Die Form des Glaubens dagegen muß sich verändern. Denn in einer Dogmatisierung der Lehre von der Auferstehung Jesu besteht geradezu die Gefahr, ein Stück lebendiger Religion buchstäblich zu Grabe zu tragen.

Sagen wir es also ganz konkret: *Das Grab Jesu war nicht leer, sondern voll, und sein Leichnam ist nicht entwichen, sondern verwest.* Selbst heute oder heute wieder versuchen nicht wenige diesem unumgänglichen Schluß zu entgehen. Bei allen diesen Ansätzen handelt es sich um Ausweichmanöver gegenüber der Historie. Die historische Rückfrage wird dabei entweder zu einer gegenüber der Theologie randständigen Frage herabgestuft, oder aber Theologie behauptet sich in einem Überbietungspathos als die bessere Geschichtswissenschaft. Doch allein schon dieser Aufwand zur Bekämpfung der Historie zeigt, daß es sich bei der historischen Frage um eine entscheidende handelt, auf die unsere Zeit *Antworten* erwartet.

Mit der Umwälzung des naturwissenschaftlichen Weltbildes haben die Aussagen von der Auferstehung Jesu ihren wörtlichen Sinn unwiderruflich verloren.[124]

In der theologischen Wissenschaft kommt dem Gebiet der Dogmatik unter anderem die Aufgabe zu, unter veränderten Verhältnissen die christlichen Glaubensinhalte auf ihre Zeitgemäßheit hin zu überprüfen und gegebenenfalls zu korrigieren bzw. zu aktualisieren. So ist auch in diesem speziellen Fall der »Auferstehung Jesu« die Dogmatik gefordert, aus einer veränderten Lage Konsequenzen zu ziehen. Darin liegt nun eine große Chance, nämlich diejenige, den christlichen Glauben wieder »glaubwürdig« zu machen. Diese Glaubwürdigkeit der Theologie, gleichzeitig auch die Glaubwürdigkeit der christlichen Kirche(n), mag gegenwärtig durch viele Faktoren in Frage gestellt sein. Doch ist dies nicht etwa ihr Ende,

sondern kann zu einer Neuorientierung führen, die zum Aufbrechen ver-
krusteter Strukturen und der Entwicklung von »modernen« Formen an-
leiten wird.

Wenn die traditionellen Vorstellungen von der Auferstehung Jesu als
erledigt zu betrachten und durch eine andere Sicht zu ersetzen sind, stellt
sich natürlich sofort unerbittlich die Frage: Sind wir überhaupt noch
Christen?

Nun wurde oben bereits verschiedentlich darauf hingewiesen, daß Petrus durch den Osterglauben im Grunde zu einem besseren Verständnis
desjenigen Jesus, den er zu Lebzeiten kannte, gekommen war. Die Erfahrung von der uneingeschränkten Gnade Gottes, die Petrus im persönlichen Umgang mit Jesus gemacht hatte, wurde zu Ostern unwiderruflich
manifestiert. Zudem hatte Ostern eine Fortsetzung der zuvor im Jüngerkreis gemeinsam gehaltenen Mahlzeiten in der jetzigen Gemeinde zur
Folge. Ostern führte also zu einer Erfahrung mit Jesus, welche die alte,
schon aus Lebzeiten Jesu vorhandene, noch verstärkte. Nicht Jesus oder
seine Botschaft bedurften des »Osterereignisses«, sondern Petrus und die
Jünger.

Schließlich ergab die historische Rekonstruktion, daß die Merkmale der
Ostererfahrung (Sündenvergebung, Erfahrung des Lebens, Erfahrung von
Ewigkeit) in Wort und Geschichte Jesu bereits enthalten waren. So wird
man sagen müssen: *Vor Ostern war bereits all das vorhanden, was nach
Ostern endgültig erkannt wurde.* Dazwischen lag freilich die blutige Tatsache des Kreuzes. Durch das Kreuz hindurch hat sich Jesus – vom Glauben geurteilt – den Jüngern als der Lebendige erwiesen. Dabei kann niemand historisch beweisen, daß Jesus das Kreuz bewußt auf sich genommen hat; es kann aber auch nicht widerlegt werden. Der Glaube erkennt
im Kreuz Jesu aber die Hinnahme des Todes als Lebensakt.[125] Er erkennt
das tiefste, heimlichste »Ja« Gottes dort, wo das Herz zunächst nichts als
das »Nein« vernimmt. Er schaut eine schlechthin verborgene Ewigkeit,
eine schlechthin verborgene Gnade und eine immer gewährende Freiheit
dort, wo der neutrale Beobachter nur den Tod Jesu am Kreuz sieht. Freilich betrachtet er die Geschichte nicht mehr so, wie man die Natur betrachtet, sondern in ständigem Gespräch mit und Betroffensein von ihr.
Die notwendige historische Distanz bleibt gewahrt, aber gleichzeitig ist
eine *persönliche* Haltung des Hörens und Schauens eingenommen.

Das bedeutet aber auch, daß dem überlieferten Glauben inhaltlich eigentlich nichts genommen wird, wenn man nur kritisch genug fragt und
historische Forschung nicht gleich als Bedrohung des Glaubens ansieht.
Um es noch einmal zu sagen: Wort und Geschichte Jesu bargen alle We-
sensmerkmale des ältesten Auferstehungsglaubens bereits in sich, so daß
die frühen Zeugen, durch das Kreuz geläutert, z. T. mit anderer Sprache
das Gleiche sagten wie Jesus. *Auf die Frage: »Können wir noch Christen
sein?« ist daher getrost mit »Ja« zu antworten.*

Die weitere Frage, ob dazu überhaupt noch der Glaube an Gott, den Vater und Jesus, seinen Sohn notwendig sei, ist ebenfalls nachdrücklich zu bejahen, weil Jesus nicht eine Erfindung oder eine Projektion ist. Der Mensch Jesus ist die *objektive* Macht, die den immerwährenden Grund der Erlebnisse eines Christen darstellt. Durch ihn werden wir »erst in eine wahrhaftige Gemeinschaft mit Gott aufgenommen.«[126]

Freilich ist auch zu sagen, daß historische Beweise allein nicht ausreichen. »Jesus ist… eine durch historische Vermittlung hindurch uns begegnende Person, die wie alle lebendigen Personen in ihrem sich vernehmbar Machen nicht an die Zeit gebunden ist, … alle Gewißheit im *persönlichen Verhältnis* geht an relativ zweifelhaftem, allein durch Interpretation sich erschließenden Material auf.«[127]

Hier am historischen Jesus, wie er uns durch die Texte vorgegeben ist und durch historische Rekonstruktion als Person begegnet, und nicht etwa am auferstandenen Christus, wie wir ihn uns erwünschen, fällt also die Entscheidung des Glaubens.

Allerdings *glaube* ich, daß dieser Jesus durch den Tod nicht der Vernichtung anheimgegeben wurde. Unser Glaube an *sein* Sein bei Gott, seine Erhöhung, seine Auferstehung und sein Leben ergeben sich aus *unserer* Gemeinschaft mit Gott wie von selbst - aber in beständiger Bezogenheit auf *Jesu* Menschsein -, ohne daß freilich Aussagen über die Art seines gegenwärtigen Seins möglich sind. Er ist uns als der Erhöhte verborgen, und allein in Gott liegt unser Zugang zu ihm. Wir müssen uns an den geschichtlichen Jesus halten, dürfen aber glauben, daß er auch als der *nun* Lebende bei uns ist.

Ist, zusammenfassend gesagt, der Mensch Jesus als Grund des Glaubens die Spur Gottes in unserem Leben, und entstehen Glaubensgedanken aus der damit eröffneten Gemeinschaft mit Gott, so ist am Schluß die Frage erlaubt: Wie soll man es mit dem wohl wichtigsten Gedanken des Glaubens, der Hoffnung auf Auferstehung, halten? Konkret gesprochen: Wie soll man es mit seiner eigenen Zukunft, mit seinem eigenen Tod halten?

Ich glaube, daß die im Glauben erfahrene Einheit mit Gott über den Tod hinaus anhält. Sie vollendet sich in Gott noch in der Nacht des Todes – darüber hinaus nach Ereignissen im Jenseits zu fragen, macht keinen Sinn.

Derart verstanden erscheint der christliche Glaube im Vergleich zu früheren Zeiten fast auf ein Minimum reduziert, doch ist er dadurch elementar geworden. Es ist kein Schade, daß fortan ein Christ von Wenigem leben kann, was er wirklich glaubt, und nicht mehr mit Vielem leben muß, was zu glauben er sich abmüht. Das ist eine große Befreiung, die den Keim des Neuen bereits in sich trägt.

Anmerkungen

1 Hans Kessler: Sucht den Lebenden nicht bei den Toten. Die Auferstehung Jesu Christi in biblischer, fundamentaltheologischer und systematischer Sicht, [2]1987, S. 19.

2 Jürgen Moltmann: Theologie der Hoffnung, BEvTh 38, [8]1969, S. 150.

3 Hans Küng: Christ sein, 1974, S. 371.

4 Willi Marxsen: Die Auferstehung Jesu von Nazareth, 1968, S. 129.

5 Karl Jaspers: Der philosophische Glaube, 1948, S. 61.

6 Hans Graß: Ostergeschehen und Osterberichte, [4]1970, S. 13. Hervorhebung vom Verfasser.

7 Hans v. Campenhausen: Der Ablauf der Osterereignisse und das leere Grab, SAH, phil.-hist. Klasse, 1952, [4]1977, S. 54 (= in: ders.: Tradition und Leben. Kräfte der Kirchengeschichte, 1960, S. 48–113, hier S. 111 f).

8 Moltmann (wie Anm. 2), S. 165.

9 Die Mehrheit der Theologen nimmt als Zeitpunkt allerdings ca. 49 an.

10 Formel vom Tode: Röm 5,8; 14,15; 1 Kor 8,11; Gal 2,21; 1 Thess 5,10. Formel von der Auferweckung: Röm 4,24; 10,9; 1 Thess 1,10. Vgl. Philipp Vielhauer: Geschichte der urchristlichen Literatur, 1975, S. 15–18.

11 Eduard Lohse: Märtyrer und Gottesknecht, FRLANT 64, [2]1963, S. 113.

12 Es ist nicht auszuschließen, daß »danach« von Paulus statt eines ursprünglichen »und« im Hinblick auf die weiteren Erscheinungen, die er anfügen wollte, eingesetzt wurde. Doch selbst dann bleibt eine Einzelerscheinung vor Kephas wahrscheinlich.

13 Das wissen wir aus Fragmenten eines in Delphi gefundenen, auf Stein eingemeißelten Briefes des Kaisers Claudius (41–54), der sog. »Gallioinschrift«.

14 Abgesehen von den V. 47 wieder auftretenden Frauen als Zeugen und von den Versen 44.45, die Matthäus und Lukas noch nicht bei Markus fanden (vgl. Rudolf Bultmann: Die Geschichte der synoptischen Tradition, FRLANT 29, [7]1967, S. 296).

15 Vgl. Heinz-Wolfgang Kuhn: Die Kreuzesstrafe während der frühen Kaiserzeit. Ihre Wirklichkeit und Wertung in der Umwelt des Christentums, ANRW II 25.1, 1982, S. 648–793, hier S. 751 f (»Zur Dauer des Hängens am Kreuz«). Um die Kürze der Todesqual Jesu (weniger als sechs Stunden; vgl. Mk 15,25.33) zu erklären, wird oft ein »traumatischer Schock« oder »hoher Blutverlust« angenommen.

16 Vgl. David Daube: The New Testament and Rabbinic Judaism, 1973 (= 1956), S. 312. Die nachfolgenden Ausführungen zum unehrenhaften

Begräbnis Jesu werden in engem Anschluß an Daube (S. 301–324) gemacht.

17 Das erst spät verfaßte Petrusevangelium (Mitte des 2. Jahrhunderts) ist nie in das Neue Testament aufgenommen worden.

18 Joseph »nahm den Herrn, wusch ihn, hüllte ihn in ein Linnengewand und brachte ihn in sein eigenes Grab, genannt Josephs Garten.«

19 »Er bewahrt ihm alle seine Gebeine, daß nicht eines zerbrochen wird.«

20 »Ich habe von solchen gehört, die gekreuzigt wurden, die man aber, weil… Feiertage bevorstanden, vom Kreuz abnahm und den Verwandten gab, damit sie ein Begräbnis in Würde und dem Brauch entsprechend erhielten. Denn auch die Toten sollten einen Vorteil vom Geburtstag des Alleinherrschers haben, und zugleich sollte die Heiligkeit des Festes gewahrt werden« (Philo, Flacc 83).

21 Vgl. Joachim Jeremias: Heiligengräber in Jesu Umwelt (Mt. 23,29; Lk 11,47). Eine Untersuchung zur Volksreligion der Zeit Jesu, 1958, S. 145: »Diese Welt der heiligen Gräber war ein realer Bestandteil der Umwelt, in der die Urgemeinde lebte. Es ist undenkbar, daß sie, in dieser Welt lebend, das Grab Jesu der Vergessenheit anheim gegeben haben sollte. Es ist um so weniger denkbar, als für sie der, der in diesem Grabe gelegen hatte, mehr war als einer jener Gerechten, Märtyrer und Propheten«. Die »Wiederentdeckung« des Grabes Jesu im Jahre 326 hat mit seinem wirklichen Bestattungsort nichts zu tun und ist eine fromme Legende.

22 Lyder Brun: Die Auferstehung Christi in der urchristlichen Ueberlieferung, 1925, S. 31.

23 Joachim Jeremias: Neutestamentliche Theologie, 1971, S. 285. Nachweise aus dieser Arbeit im folgenden im Text.

24 In Joh 12,1–18 ist aus dieser anonymen Frau Maria geworden (ein sicheres Zeichen für eine Weiterentwicklung der Tradition).

25 Andere Beispiele für solche markinischen Rahmungen sind: 1,21–28 bis 6,1–6 (Wunder); 6,30–44 bis 8,1–9 (Speisungsgeschichte); 8,22–26 bis 10,46–52 (Blindenheilung); 15,40–41 bis 15,47 (Frauenliste).

26 Zur Gestalt des »Jünglings« vgl. PetrEv 9,36: Zwei junge Männer steigen in einem großen Lichtglanz von den Himmeln herab. Das weiße Gewand wird in Mk 9,3 als überirdisch gedeutet.

27 Andreas Lindemann: Die Osterbotschaft des Markus. Zur theologischen Interpretation von Mark 16,1–8, in: NTS 26. 1980, S. 298–317, hier S. 305.

28 Brun (wie Anm. 22), S. 11.

29 Das Sternchen * weist darauf hin, daß hier die vormarkinische Tradition gemeint ist, die diesen Versen zugrunde liegt, nicht aber der wörtliche Markustext, wie er ins Neue Testament aufgenommen wurde.

30 Bultmann, Geschichte (wie Anm. 14), S. 309.

31 Vgl. Arnold Meyer: Die Auferstehung Christi. Die Berichte über Auferstehung, Himmelfahrt und Pfingsten, ihre Entstehung, ihr geschichtlicher Hintergrund und ihre religiöse Bedeutung, Lebensfragen, 1905, S. 63 f.

32 Joachim Gnilka: Das Evangelium nach Markus II, EKK II/2, 1979, S. 353.

33 Es seien hier die Parallelstellen in Klammern hinter die entsprechenden Verse des Markusschlusses gesetzt: V. 9 f (Lk 8,2; Joh 20,1.11–18); V. 11 (Lk 24,11); V. 12 f (Lk 24,13–35); V. 14 (Lk 24,36–43; Apg 1,4) V. 15 f (Lk 24,47); V. 17 f (Apg 16,16–18; 2,1–11; 28,3–6; 3,1–10; 9,31–35; 14,8–10; 28,8 f); V. 19 (Apg 1,9; Lk 24,51); V. 20 (Apg allgemein).

34 Graß, Ostergeschehen (wie Anm. 6), S. 35.

35 Lukas glättet damit stilistisch, da im Markus-Bericht bereits unmittelbar vorher (Mk 15,47) Frauen genannt wurden, die z. T. mit denen aus Mk 16,1 identisch sind. Indem er Lk 23,55 (und Lk 23,49) nur allgemein von Frauen spricht und sie Lk 24,10 mit Namen nennt, vermeidet er den harten Übergang, der sich in Mk 16,1 findet (s. 3.3)1.1..

36 Vgl. Joachim Jeremias: Die Sprache des Lukasevangeliums, KEK Sonderband, 1980, S. 312 zu Lk 24,12.

37 Vgl. Hans Conzelmann: Die Mitte der Zeit. Studien zur Theologie des Lukas, BHTh 17, [5]1964, S. 141–144.

38 Hans Dieter Betz: Ursprung und Wesen christlichen Glaubens nach der Emmauslegende (Lk 24,13–32), in: ZThK 66. 1969, S. 7–21, hier S. 12 = ders.: Synoptische Studien. Gesammelte Aufsätze II, 1992, S. 35–49, hier S. 40.

39 Wieso ist er an dieser Stelle so karg und erzählt keine Geschichte der Ersterscheinung? Versuch einer Antwort: Die Ersterscheinung fand in Galiläa statt und dafür hatte Lukas wegen seiner Jerusalemer Perspektive keinen Platz. Lukas kannte sehr wohl einen Bericht der Ersterscheinung vor Petrus. Doch hat er diesen in Lk 5,1–11 verarbeitet und damit in das Leben Jesu zurückversetzt (s. S. 81 ff).

40 Hermann Gunkel: Zum religionsgeschichtlichen Verständnis des Neuen Testaments, FRLANT 1, 1903, S. 71. Vgl. ders.: Genesis, [4]1917, S. 193 f.

41 Klopas ist nur jüdische Aussprache von Kleopas (vgl. Theodor Zahn: Forschungen zur Geschichte des neutestamentlichen Kanons und der altkirchlichen Literatur VI, 1890, S. 343 f Anm. 3). Bemerkenswert ist ferner, daß Joh 19,25 eine der Frauen beim Kreuz »Maria, die (Frau) des Klopas« nennt.

42 Euseb, KG III 11; IV 22,4.

43 Zum Paralleltext Joh 20,19–23 s. S. 66 ff.

44 Der christliche Theologe Justin kennt Mitte des 2. Jahrhunderts im Dialog mit dem Juden Tryphon ebenfalls diese jüdische Behauptung:

»Nachdem ihr von seiner Auferstehung von den Toten erfahren habt, habt ihr euch nicht nur nicht bekehrt, sondern habt... erlesene Männer ausgewählt und sie in alle Welt ausgeschickt, welche verkündeten: eine gottlose und schlimme Sekte ist durch einen gewissen Galiläer Jesus, einen Verführer, ins Leben gerufen worden; wir haben ihn gekreuzigt, aber seine Jünger haben ihn aus dem Grab, in das er nach der Abnahme vom Kreuz gelegt worden war, bei Nacht gestohlen und machen den Leuten weis, er sei von den Toten auferstanden und in den Himmel aufgefahren« (Dial 108,2).

45 Übersetzung nach Wilhelm Schneemelcher (Hrsg): Neutestamentliche Apokryphen I, ⁵1987, S. 187 (Christian Maurer).

46 Übersetzung nach Wilhelm Schneemelcher (Hrsg): Neutestamentliche Apokryphen II, ²1989, S. 551 f (C. Detlef G. Müller).

47 Matthäus verwendet das Verb »anbeten« schon in 8,2; 9,18; 14,33; 15,25; 20,20; die Markus-Vorlage benutzt es dort nicht! Dadurch drückt Matthäus aus, daß bereits der irdische Jesus die Vollmacht des Auferstandenen besitzt.

48 Charles Harold Dodd: Die Erscheinungen des auferstandenen Christus (1957), in: Paul Hoffmann (Hrsg.): Zur neutestamentlichen Überlieferung von der Auferstehung Jesu, WdF 522, 1988, S. 139–193, S. 297–330, hier S. 299–305.

49 Graß, Ostergeschehen (wie Anm. 6), S. 27.

50 Doch ist die Zusammenordnung von Gott, Jesus und Geist auch bei Paulus schon vorbereitet: 2 Kor 1,21 f; 2 Kor 13,13; 1 Kor 12,4–6.

51 Matthäus spricht ausdrücklich nur von elf Jüngern (Mt 28,16), ebenso wie einige Handschriften zu 1 Kor 15,5. Das geht auf die Überlegung zurück, daß Judas ja eigentlich von den Zwölfen abgezogen werden müsse. Ursprünglich berichtet die Tradition aber sicher von einer Erscheinung vor den »Zwölfen«.

52 Thorwald Lorenzen: Der Lieblingsjünger im Johannesevangelium. Eine redaktionsgeschichtliche Studie, SBS 55, 1971, S. 25 f.

53 Rudolf Bultmann: Das Evangelium des Johannes, KEK 2, ¹⁰1968, S. 528.

54 Vgl. PetrEv 12,52: Maria Magdalena und ihre Freundinnen sprechen am Grab Jesu: »Wenn wir auch an jenem Tage, da er gekreuzigt wurde, nicht weinen und klagen konnten, so wollen wir solches wenigstens jetzt an seinem Grabe tun.«

55 Johannes Lindblom: Gesichte und Offenbarungen. Vorstellungen von göttlichen Weisungen und übernatürlichen Erscheinungen im ältesten Christentum, 1968, S. 98.

56 Bultmann, Johannes (wie Anm. 53), S. 533.

57 »Furcht vor den Juden« ist im Petrusevangelium ein allgemeines Motiv; vgl. 12,52: Maria Magdalena und ihre Freundinnen »fürchteten, die Juden würden sie sehen«; 12,50. Maria Magdalena hatte »aus Furcht we-

gen der Juden, da (diese) vor Zorn brannten... am Grabe des Herrn nicht getan, was die Frauen an den von ihnen geliebten Sterbenden zu tun pflegten.« Das Motiv erscheint in den jüngeren Partien der Auferstehungs- bzw. Grabestradition, wo zwischen »Juden« und »Christen« bereits klar geschieden wird, die Juden nicht mehr als Volk, sondern allgemein als christenfeindliche Gemeinschaft gelten. Dies ist ein weiteres Argument für den nachträglichen bzw. sehr späten Charakter des johanneischen Berichts.

58 Bultmann, Johannes (wie Anm. 53), S. 536.

59 Anton Dauer: Johannes und Lukas, fzb 50, 1984, S. 235.

60 Günter Bornkamm / Gerhard Barth / Heinz Joachim Held: Überlieferung und Auslegung im Matthäusevangelium, WMANT 1, 1960, S. 124.

61 Bultmann, Johannes (wie Anm. 53), S. 539.

62 Nathanael bzw. Thomas stehen jeweils außerhalb eines Geschehens im Jüngerkreis (Joh 1,45 / 20,24), werden angesprochen (Joh 1,45 / 20,25), bringen einen Einwand vor (Joh 1,46 / 20,25), werden von Jesus überwunden (Joh 1,47 / 20,26 f) und äußern einen Lobpreis (Joh 1,49 / 20,28). Schließlich ergreift Jesus noch einmal das Wort und spricht einen Tadel aus (Joh 1,50 f / 20,29: Man vgl. die identische Satzeinführung: »Weil du..., glaubst du / hast du geglaubt«).

63 Dauer (wie Anm. 59), S. 253.

64 Ernst Haenchen: Das Johannesevangelium. Ein Kommentar, 1980, nennt S. 594 viele weitere Spracheigentümlichkeiten von Joh 21 gegenüber 1–20.

65 Rudolf Schnackenburg: Das Johannesevangelium III. Teil, HThK IV. 3, ⁵1986, S. 422.

66 Vgl. zum folgenden Bultmann, Johannes (wie Anm. 53), S. 555.

67 Zwar ist es immer schwer, an diesem Punkt zu halbwegs gesicherten Aussagen zu gelangen, doch sollte man die Möglichkeit einer Rückdatierung von Ostergeschichten in das Leben Jesu nicht generell bestreiten. Auch die Worte des irdischen Jesus waren der Gemeinde ja nur insofern erzählenswert, als sie zugleich als Worte des (nun) Erhöhten gelesen und verstanden wurden. Neben den behandelten Stellen sind folgende Erzählungen in der Forschung als ursprüngliche Ostererzählungen verstanden worden: Mk 6,45–52 (Jesu Wandel auf dem See) nebst der matthäischen Hinzufügung Mt 14,28–31 (Petrus geht zunächst dem auf dem See wandelnden Jesus entgegen, verliert dann aber den Mut); Mk 9,2–8 (Verklärung Jesu).

68 So Günter Klein: Die Berufung des Petrus (1967), in: ders.: Rekonstruktion und Interpretation, BEvTh 50, 1969, S. 11–48, hier S. 28: »Denn wenn für einen, dann fällt für Petrus seine Sendung mit seinem Osterwiderfahrnis zusammen.«

69 Emanuel Hirsch: Osterglaube. Die Auferstehungsgeschichten und der christliche Glaube (hrsg. v. Hans Martin Müller), 1988, S. 50. Dagegen

wendet sich in aller Entschiedenheit, aber ohne Begründung Bultmann, Johannes (wie Anm. 53), S. 546 Anm. 3.

70 Hirsch, Osterglaube (wie Anm. 69), S. 50.

71 Bultmann, Geschichte (wie Anm. 14). Nachweise aus dieser Arbeit im folgenden im Text.

72 Das Johannesevangelium (18,15 – 18.25 – 27) enthält nach allgemeinem Urteil keine eigenständige Tradition zur Verleugnung und kann hier unberücksichtigt bleiben.

73 Zum negativen Gebrauch von »Nazarener« vgl. Mk 1,24; 10,47; 16,6.

74 Vgl. 9,32.

75 Bultmann, Geschichte (wie Anm. 14), S. 287 f. Nachweise aus dieser Arbeit im folgenden im Text.

76 Ulrich Wilckens: Auferstehung, Themen der Theologie 4, 1970, S. 148.

77 Günter Klein: Die Verleugnung des Petrus (1961), in: ders.: Rekonstruktion und Interpretation, BEvTh 50, 1969, S. 49–90 (Nachtrag: S. 90–98), hier S. 74–90.

78 Martin Dibelius: Die Formgeschichte des Evangeliums, [6]1971, S. 217.

79 Yorick Spiegel: Der Prozeß des Trauerns. Analyse und Beratung, KT 60, [7]1989. Nachweise aus dieser Arbeit im folgenden im Text.

80 Colin Murray Parkes / Robert S. Weiss: Recovery from Bereavement, 1983.

81 In der älteren Forschung hatte das z. B. Chr. Hermann Weiße: Die evangelische Geschichte kritisch und philosophisch bearbeitet II, 1838, S. 416–420, behauptet, in neuerer Zeit ist es u. a. von Jeremias, Theologie (wie Anm. 23), S. 292, erwogen worden.

82 Das jüdische Pfingsten, das am 50. Tag vom Passah aus stattfand, ist das alttestamentliche Wochenfest (Ex 34,22) und hatte auch zur Zeit Jesu seinen Charakter als Erntefest gewahrt. Vgl. Eduard Lohse: Art. pentekoste, in: ThWNT VI, 1959, S. 44–53.

83 Das Fachwort für ein solches Phänomen ist »Glossolalie«. Gemeint ist ein für Umstehende zunächst unverständliches Gebrabbel von in Ekstase befindlichen Menschen.

84 In dem Bild des »Auslöschens« kommt etwas von dem geradezu archaischen Wirken des Geistes als Feuer zum Ausdruck (vgl. Apg 2,3: Zungen wie von Feuer).

85 Laut Apg 2,41 betrifft das dortige Ereignis ca. 3000 Menschen, nach Apg 1,15 waren in der nachösterlichen Zeit bei der Nachwahl des Matthias zum Kreis der Zwölf ungefähr 120 Brüder versammelt. Obwohl die Steigerung von 120 auf 3000 sicherlich der Tendenz des Lukas entspringt, die Großartigkeit des Missionserfolges zu illustrieren, mag dahinter doch gleichzeitig Wissen um eine geringere, aber nicht kleine Schar von Christen in der Frühzeit stehen, die er vervielfacht hat. Paulus scheint über das Leben der »mehr als 500« Kenntnisse zu besitzen, wie der Nachsatz in Kor 15,6 belegt.

86 Gustav Le Bon: Psychologie der Massen. Mit einer Einführung von Peter R. Hofstätter, Kröners Taschenausgabe 99, [15]1982 (=1911). Nachweise aus dieser Arbeit im folgenden im Text. Es sei betont, daß Le Bon diese Ausführungen macht, um jegliche Religion im traditionellen Sinne zu diskreditieren. Doch warum soll der Verfasser trotz dieser antireligiösen Frontstellung nicht an entscheidenden sachlichen Stellen Richtiges gesehen haben? Ich verfahre im folgenden nach dem Motto des Paulus aus 1 Thess 5,21: »Prüfet aber alles, und das Gute behaltet.«

87 Ernest Renan: Die Apostel, 1866, schildert das wie folgt: »Das Eigenthümliche des Seelenzustandes, in welchem die Ekstase und die Erscheinungen entstehen, ist, daß sie ansteckend sind. Die Geschichte aller großen religiösen Krisen beweist, daß diese Arten von Visionen sich mittheilen; in einer Gesellschaft, in welcher sich Menschen desselben Glaubens finden, genügt es, daß ein Glied dieser Verbindung behauptet, etwas Uebernatürliches zu sehen oder zu hören, damit die andern auch sehen und hören... Die Begeisterung der einen theilt sich allen mit; keiner will weder zurückbleiben noch zugeben, daß er weniger begünstigt sei als die andern...« (S. 70f).

88 Renan (wie Anm. 87) beschreibt den Vorgang aus christentumskritischer Perspektive so: »Diese ersten Tage waren also wie ein Abschnitt eines heftigen Fiebers, wo die Gläubigen, einer den anderen betäubend und einer dem anderen seine Träumereien aufbürdend, sich gemeinschaftlich einer den anderen fortrissen und an übertriebensten Ideen hingaben. Visionen vermehrten sich unaufhaltsam. Die Abendvereinigungen waren der gewöhnliche Augenblick, wo sie zum Vorschein kamen. Nachdem die Türen verschlossen und alle von ihren fixen Ideen befangen waren, gab der erste, welcher das sankte Wort ›shalom‹... zu hören glaubte, das Zeichen. Alle horchten und hörten bald dasselbe... Nach Verlauf einiger Tage bildete und verbreitete sich ein genauer Zyklus von Erzählungen, die untereinander in ihren Einzelheiten abwichen, aber durch denselben Geist der Liebe und des unbedingten Glaubens eingeflößt waren. Es ist der größte Irrtum, zu glauben, daß die Legende längerer Zeit bedarf, um sich zu bilden. Die Legende entsteht zuweilen in einem Tage« (S. 77f).

89 Die Schau »aller Apostel« entzieht sich ganz unserer Kenntnis und muß im folgenden unberücksichtigt bleiben.

90 Mußmaßliches Entstehungsdatum dieses Evangeliums ist die erste Hälfte des 2. Jahrhunderts.

91 Übersetzung nach Wilhelm Schneemelcher (Hrsg.): Neutestamentliche Apokryphen I: Evangelien, [5]1987, S. 147 (Ph. Vielhauer / G.Strecker).

92 Vielleicht ist im Thomasevangelium ein ähnlicher Umstand enthalten. Spruch 12 lautet: »Die Jünger sagten zu Jesus: Wir wissen, daß du uns verlassen wirst; wer ist es, der groß über uns werden wird? Jesus sagte

zu ihnen: Da, wo ihr hingegangen sein werdet, werdet ihr auf Jakobus, den Gerechten, zugehen, für den Himmel und Erde gemacht worden sind.«

93 Diese Familienpolitik spielte offenbar auch außerhalb Jerusalems eine große Rolle: Bischof Polykrates von Ephesus (Ende des 2. Jahrhunderts) war z. B. der achte Verwandte einer Familie auf dem dortigen Bischofsstuhl (Euseb, KG V 24,6).

94 Man vgl. dazu Friedrich Pfister: Art. Ekstase, in: RAC IV, 1959, Sp. 944–987; Wolfgang Speyer: Frühes Christentum im antiken Strahlungsfeld, WUNT 50, 1989, Reg. s. v. Ekstase – unter glücklicher Verwertung antiker und neuzeitlicher (Nietzsche!) Parallelen.

95 Im folgenden ist im engen Anschluß an meine Arbeit: Das frühe Christentum nach den Traditionen der Apostelgeschichte, 1987, S. 112–115 formuliert.

96 Lindblom (wie Anm. 55), S. 48.

97 Lindblom (wie Anm. 55), S. 32.

98 Vgl. besonders folgende Texte: Hiob 4,12–16; Jes 6; Dan 10,4–21; Ez 1,1–3,15; Am 7,1–9,10.

99 Vgl. nur 1 Hen 14; 4 Esr 3,1–9,25 (mit den Erläuterungen von Hermann Gunkel, in: Emil Kautzsch [Hrsg.]: Die Apokryphen und Pseudepigraphen des Alten Testaments II, [2]1962 [= 1900], S. 341 f.).

100 Vgl. Klaus Berger: Visionsberichte. Formgeschichtliche Bemerkungen über pagane hellenistische Texte und ihre frühchristlichen Analogien, in: ders./François Vouga/Michael Wolter/Dieter Zeller: Studien und Texte zur Formgeschichte, TANZ 7, 1992, S. 177–255 (zahlreiche Beispieltexte in deutscher Übersetzung).

101 James M. Robinson: Jesus – from Easter to Valentinus (or to the Apostles' Creed), in: JBL 101.1982, S. 5–37, verweist auf Apk 1,13–16 als detaillierte Auferstehungsvision des Neuen Testaments sowie auf Apg 7,55 f (S. 10).

102 Kessler (wie Anm. 1), S. 221.

103 Carl Holsten: Zum Evangelium des Paulus und des Petrus, 1868, S. 65. Nachweise aus dieser Arbeit im folgenden im Text.

104 Eduard Meyer: Ursprung und Anfänge des Christentums III: Die Apostelgeschichte und die Anfänge des Christentums, 1923, S. 238.

105 Vgl. Ernst Benz: Paulus als Visionär. Eine vergleichende Untersuchung der Visionsberichte des Paulus in der Apostelgeschichte und in den paulinischen Briefen, AAWLM.G 1952, Nr. 2, S. 112 (36): »Die Verkündigung des Apostels war stärker von visionärem Erleben durchpulst, als die meisten seiner heutigen Exegeten wahrhaben wollen. Aber den Gemeinden, die er gründete und denen er predigte, war diese Tatsache bekannt, und ihnen gegenüber konnte er sich darauf berufen. Seine heutigen Leser und Hörer aber müssen lernen, die visionären Töne seiner Botschaft wieder in ihrer ganzen Klangfülle her-

auszuhören und seine Theologie als die Erfahrungs-Theologie eines Visionärs zu verstehen«

106 »Pneuma« ist griechisch und bedeutet »Geist«.

107 Zum dritten Himmel: Hen(sl) A Kap 8: »und sie führten mich umher in den dritten Himmel und stellten mich in die Mitte des Paradieses«; Apk Mos 37,5: Der Befehl Gottes an den Erzengel Michael lautet: »Erheb' ihn (sc. Adam) bis zum dritten Himmel in das Paradies und laß' ihn dort bis zu dem großen, fürchterlichen Tage, den ich der Welt noch geben werde.«

108 Ernst Benz: Die Vision. Erfahrungsformen und Bilderwelt, 1969, S. 220.

109 Lindblom (wie Anm. 55), S. 45.

110 Hans Windisch: Der zweite Korintherbrief, 1970 (= 1924), S. 377.

111 Folgende Belege zeigen, daß Sehen und Hören bei solchen Himmels-reisen und Offenbarungen untrennbar zusammenhängen: 4Esr 10,55 f.: »Geh' hinein und besieh die Pracht und die Herrlichkeit des Baus... Danach wirst du hören, so viel deine Ohren fassen und hören können«; Apk 1,2: Johannes hat »bezeugt das Wort Gottes und das Zeugnis von Jesus Christus, was er gesehen hat«.

112 Vgl. Benz, Vision (wie Anm. 108), S. 15–34 (»Vision und Krankheit«).

113 Hans Dieter Betz, Eine Christus-Aretalogie bei Paulus (2 Kor 12,7–10), in: ZThK 66. 1969, S. 288–305, hier bes. S. 300.

114 Windisch (wie Anm. 110), S. 380.

115 Ulrich Heckel: Der Dorn im Fleisch. Die Krankheit des Paulus in 2 Kor 12,7 und Gal 4,13 f., in: ZNW 84. 1993, S. 65–92, hat kürzlich die Krankheit in 2 Kor 12,7 als starke Kopfschmerzen (»Trigeminus-neuralgie«) diagnostiziert und sie mit dem Leiden hinter Gal 4,13 in Verbindung gebracht, das den Apostel in Galatien festhielt (S. 87–92). Falls auch eine Beziehung zwischen 2 Kor 12,7 und Apg 9,8 vorliegt (worauf Heckel gar nicht eingeht), so liegt allerdings die Hypothese einer hysterischen Blindheit als Krankheit des Paulus näher. Diese Hypothese ließe sich auch mit Gal 4,13 und Gal 6,11 in Verbindung bringen. Doch möchte ich mich hier nicht festlegen. Nach Guido Klu-xen: Sehstörungen des Apostels Paulus, in: Deutsches Ärzteblatt 90, Heft 28/29, 19. Juli 1993, B 1457–1459, litt Paulus »vermutlich nur an einem Erschöpfungszustand durch Hitze und Sonne nach langer Reise« (B 1458).

116 In Phlm 9 nennt sich Paulus einen »älteren Mann«, was nach dem Ver-ständnis des Hippokrates einen bis 56jährigen bezeichnet (jedenfalls bezieht sich »presbytes« immer auf die letzte Lebensstufe). Der Phile-monbrief wurde etwa 55 geschrieben, die Bekehrung fand ca. 33 statt.

117 Werner Georg Kümmel: Römer 7 und die Bekehrung des Paulus, 1929 = ders.: Römer 7 und das Bild des Menschen im Neuen Testament. Zwei Studien, ThB 53, 1974, S. 1–160.

118 Vgl. bes. Gerd Theißen: Psychologische Aspekte paulinischer Theologie, FRLANT 131, 1983, S. 11–49; ferner: Dieter Wyss: Psychologie und Religion. Untersuchungen zur Ursprünglichkeit religiösen Erlebens, 1991, S. 149–158.

119 Den Ausschlag gibt meines Erachtens Röm 7, zu dessen Verständnis auf Theißen (wie Anm. 118), S. 181–223, hingewiesen sei. Vgl. ferner meine Beiträge: Psychologische Exegese: Röm 7 als Testfall, in: Friedrich Wilhelm Horn (Hrgs.): Bilanz und Perspektiven gegenwärtiger Auslegung des Neuen Testaments, BZNW 75, 1994, S. 91–111, und: Zwischen Karfreitag und Ostern, in: H. Verweyen, Osterglaube ohne Auferstehung? Diskussion mit Gerd Lüdemann, QD 155, 1995, S. 13–46, hier S. 33–40.

120 C.G. Jung: Die psychologischen Grundlagen des Geisterglaubens (1928), in: ders.: Synchronizität, Akausalität und Okkultismus, dtv 15065, 1990, S. 109–126.

121 Vgl. Joh 18,28; 19,14; 13,1. Nach den synoptischen Evangelien ist der Freitag bereits der erste Passahtag. Doch ist der erste Passahtag als Datum einer Hinrichtung äußerst unwahrscheinlich.

122 Martin Hengel: Psalm 110 und die Erhöhung des Auferstandenen zur Rechten Gottes, in: Cilliers Breytenbach / Henning Paulsen (Hrsg.): Anfänge der Christologie (FS Ferdinand Hahn), 1991, S. 43–73, hier S. 69.

123 Hengel (wie Anm. 122), S. 72.

124 Vgl. C.G. Jung: Über die Auferstehung, Gesammelte Werke 18/2: Das symbolische Leben, 1981, S. 742–747, hier S. 746: »Es ist komisch, daß die Christen immer noch so heidnisch sind, daß sie die geistige Existenz lediglich als körperlich und als physisches Ereignis verstehen. Ich fürchte, unsere christlichen Kirchen können diesen schockierenden Anachronismus nicht länger aufrechterhalten...«

125 Insofern setzt er historisch voraus, daß Jesus von Nazaret den Tod als Leben hingenommen hat.

126 Wilhelm Herrmann: Der Verkehr des Christen mit Gott im Anschluss an Luther dargestellt, ⁴1903, S. 50.

127 Emanuel Hirsch: Christliche Rechenschaft I, 1989 (= 1978), S. 32f.

Literarisches · Marginales · Zentrales zur Theologie

u. a. von Heinrich Albertz, Michael Benckert,
Wilhelm Dantine, Heino Falcke,
Traugott Giesen, Wilhelm Gössmann,
Helmut Gollwitzer, Peter Härtling,
Karl Herbert, Klaus-Peter Hertzsch,
Walter Jens, Maria Jepsen,
Aurel von Jüchen, Otto Kaiser,
Rudolf Kautzky, Christian Krause,
Jo Krummacher, Günter Kunert,
Gerd Lüdemann, Henning Luther,
Martin Lotz, Winfried Maechler,
Kurt Marti, Gerhard Marcel Martin,
Dietrich Mendt, A. M. Klaus Müller,
Hans Ulrich Nübel, Dietrich von Oppen,
Gerd Otto, Marietta Peitz,
Lothar Steiger, Heinrich Vogel,
Angelika Vonier, Hanna Wolff.

Im Radius-Verlag
Olgastraße 114 · 70180 Stuttgart